北京市科学技术委员会
科普专项资助

模型入门丛书
《航空模型》出品

U0595869

电动模型飞机
动力系统配置

张宇雄　著

北京航空航天大学出版社
BEIHANG UNIVERSITY PRESS

内容简介

本书介绍了对电动模型飞机动力系统的初步认识、选配原则、安装入门和选购指南。相比传统的燃油动力，电动动力的优势在于：更加清洁、安静、安全；易于实现小型化，对飞行场地的要求较低；安装和调试更为简单，辅助设备更少，使用维护更为方便。新手可将本书作为一本入门指南，有多年飞行经验的"老鸟"也值得一读。

图书在版编目（CIP）数据

电动模型飞机动力系统配置／张宇雄著． -- 北京：
北京航空航天大学出版社，2015.12（2020.8重印）
　ISBN 978 - 7 - 5124 - 1979 - 7

Ⅰ.①电… Ⅱ.①张… Ⅲ.①无线电遥控—模型飞机
（航空模型运动）—动力装置Ⅳ.① G875.3

中国版本图书馆 CIP 数据核字（2015）第 300927 号

电动模型飞机动力系统配置
张宇雄 著
策　　划　航空知识杂志社
策划编辑　周好楠
责任编辑　杨 昕
*
北京航空航天大学出版社出版发行
北京市海淀区学院路 37 号（邮编 100191）　http://www.buaapress.com.cn
发行部电话：(010) 82317024　传真：(010) 82328026
读者信箱：hkmxtg@sina.com　邮购电话：(010) 82316936
保定市正大印刷有限公司印装　各地书店经销
*
开本：700×1 000　1/16　印张：10　字数：147 千字
2016 年 4 月第 1 版　2020 年 8 月第 2 次印刷
ISBN 978 - 7 - 5124 - 1979 - 7　定价：45.00 元

总　序

　　航空模型是在人类探索航空的过程中产生的。现代航空的先驱们几乎普遍采用了航空模型简易试验这一简便、安全、有效的方法，研究飞行理论，构思飞行器的方案。因此，航空模型可以看作是航空器的前身、雏形，是人类探索飞行的开路先锋。如今，航空模型已成为一项集科技、教育、体育、实践、科研、竞技等于一体的大众活动。

　　首先，航空模型活动是人们接触航空、学习研究航空的一个途径。特别是青少年学生，很容易在接触航空模型的过程中对航空产生兴趣，进而逐渐从兴趣和爱好上升到为航空事业献身的崇高理想和志愿。青少年参与航模活动，能亲身经历从构思、设计、制作到飞行的全过程，这种机会是通过其他活动难以获得的。

　　其次，通过开展航空模型活动，可以学习理论和实践相结合的工作方法。因为航模的设计、制作和放飞，必须应用航空各有关学科的理论知识来指导，才可能获得预期的飞行效果；而通过这些实践，又可以进一步加深对理论知识的理解。

　　再次，模型活动可以锻炼和提高手脑并用的能力。通过自己构思和设计出来的模型，必须亲自动手制作完成，并在放飞的过程中精心调整，才能实践飞行。

　　同时，航空模型还是一项竞技运动，有严格而完善的竞赛规则和创纪录条例。通过不断改进模型性能、提高飞行能力和技巧，有利于激发青少年的创新精神和进取精神以及为国争光的荣誉感和责任感。

　　这不仅对青少年学生的培养有着积极的作用，顺应了当前素质教育的要求，而且对航空专业的大专学生及专业人士，也大有裨益。许多优秀的飞行员、航空工程师、航空科学家就是从接触航空模型开始的。

　　长期以来，有关航空模型的相关图书非常稀缺，指导初学者的入门类图书更是凤毛麟角，其相对专业的知识领域成为阻挡各类出版机构涉足的一大障碍。

为此，航空知识杂志社旗下《航空模型》杂志利用 30 多年积累的大量作者及内容资源，将纷繁复杂的航空模型各领域按照不同项目、不同层次分门别类地梳理出几大方向，编纂出版了这套《模型入门丛书》，希望为不同知识与能力背景的中小学生、学校航模与科技辅导员、航模爱好者提供相应的指导与帮助。

本套图书共分 4 册，分别为《遥控模型滑翔机基础知识》《电动模型飞机动力系统配置》《模型窍门一点通》和《拼装飞机模型制作工艺》。其中前 3 本的内容为动态模型飞机，既有最流行的项目详解，又有电子动力设备的选型配置推荐，还有关于模型的经验技巧总结。最后一本的内容为静态飞机模型，是一本内容严谨详实的静态模型制作教程。

本套图书自 2014 年启动以来，在创作、策划、编辑出版及制作团队的共同努力以及航空知识杂志社、北京航空航天大学出版社、北京市科学技术委员会的大力支持下，终于按期出版上市。在此，要感谢北京市科学技术委员会，特别是项目主管肖健老师，全套图书正是在科委科普专项经费资助下才得以顺利出版。其次，感谢卢征、张宇雄、张进、江东等 4 位作者的辛勤创作以及对我们的信任，确保了全套图书得以高质量完成。再次，感谢航空知识杂志社科普期刊事业部领导、同事与北京航空航天大学出版社办公室、总编室、出版部、加工中心、营销中心、财务部、理工分社各位同仁，以及北京丰模世界模型店的大力支持与配合，使图书能如期上市。还要感谢俞敏、武瑾媛、邢强、张锦花、殷灿、张倩、谢步堃等人在项目申报、书稿整理等方面所做的繁杂工作。最后，感谢策划团队宁波、周好楠、李博翰及制作团队闫妍、罗星等人的辛勤付出。

《航空模型》编辑部
《模型入门丛书》策划团队

2015 年 12 月于 北京

前　言

　　近年来，电机、电池、电调等航模器材的技术逐渐成熟、价格不断下降，电动动力系统的采购成本随之降低，且越来越多地装备在模型飞机上。从入门级的小练习机，到国际级的竞赛机，乃至技术密集型的小型无人机上，都能见到电动动力系统的身影。相比传统的燃油动力，电动动力的优势在于：更加清洁、安静、安全；易于实现小型化，对飞行场地的要求较低；安装和调试更为简单，辅助设备更少，使用维护更方便。鉴于这些优点，许多资深模友都给爱机换装了电动动力，刚开始接触航模的"菜鸟"模友也大多将电动模型飞机作为入门的首选。

　　为了方便模友更好地了解和使用电动模型飞机，本书对其动力系统的配置做一较全面的介绍。全书共分为4部分，分别介绍电动模型飞机动力系统的初步认识、选配原则、安装入门和选购指南。新手可将本书作为一本入门指南，有多年飞行经验的"老鸟"也值得一读，可结合自己的经验做一次系统的梳理和归纳。

CONTENTS 目录

初步认识

选配原则

3

安装入门

4

选购指南

·············· **结　语** ··············

1

初步认识

第一部分主要围绕电动动力系统的基本组成、各部件的主要参数、一般配置原则、安装连接方法及安全准则等基本知识进行介绍。通过对这部分的学习，初学者可大概了解：配备一套电动动力系统需要哪些器材；它们各自起到了什么作用，具有哪些特性，应如何搭配；电动动力系统应如何安装；使用中有哪些要点需要注意。

（一）电动动力系统的基本组成

电动模型飞机的动力系统通常由电机、电调、电池和螺旋桨组成。浅显地讲，电动动力系统的运行过程很简单：首先依据控制信号，将电池中的电能转换为螺旋桨的机械能；然后利用螺旋桨旋转产生的空气动力为模型的飞行提供动力。

因此，电动动力系统的动力源是储有电能的电池（见图1-1）。和大多数电池一样，航模动力电池也是借助化学

图1-1　不同规格的航模锂电池

反应，将化学能转换为电能。

电子调速器通常简称电调（见图 1-2），其作用是通过一系列电路，将电池的电能按照控制信号的要求，安全、可控地提供给电机，使电机运转并调节其转速。简单来说，电调是连接电源和电机的桥梁。

电动机的原理是，借助电磁效应，完成"电流—电磁力—扭转力矩"的转换。航模电机的原理与日常生活和工业生产中用到的电动机原理相同，但针对使用要求，具有体积小、重量轻等特点

（见图 1-3）。

螺旋桨是由两片或多片具有特殊扭转外形的桨叶组成的气动部件（见图 1-4）。桨叶在电机扭矩的驱动下高速旋转，使空气流过叶片表面，从而产生向前的拉力（或推力）。

总的来说，电动模型飞机动力系统的所有部件均源自成熟的工业技术。不同之处在于，由于航模产品要求重量轻、性能高，因此相比其他领域，其电动动力系统中用到的器材从设计、选材和制造等方面另有特点。

图 1-2　电调是连接电源和电机的桥梁

图 1-3 各种规格的航模电机

图 1-4 航模用木质三叶桨

（二）电动动力系统各部件的性能参数

生产航模器材的厂家很多，产品更新也很快，目前并没有制定针对电动模型飞机动力系统的统一技术规范。但模友如果能明白这些器材各项性能参数的意义，会为今后选配和购买器材带来很大帮助。

1. 电 池

航模用电池的类型有：铅酸（Pb）电池、镍镉（Ni-Cd）电池、镍氢电池（Ni-MH）、锂离子（Li-ion）/ 锂聚合物（Li-polymer）电池、磷酸铁锂（Li-Fe）电池。与日常生活中用到的电池相比，航模用电池的最大特点是功率大。因为航模用电对待机时间和使用寿命的要求不高，更注重重量轻、储能多、输出电流大等性能。

铅酸电池的整套装置非常重，但工作可靠，一般作为地面设备使用，如用作充电设备（见图 1-5）。镍镉电池和镍氢电池都是镍基电池，曾被广泛用作电动模型飞机动力系统的动力源（见图 1-6、图 1-7）。但因其存在记忆效应、重量大等缺陷，现已逐渐被锂离子 / 锂聚合物电池所取代。目前，锂聚合物电池是电动航模上使用得最多的电池，不仅重量轻、容量大、无记忆效应，而且便于制成各种规格的电池组。由于篇幅所限，本书仅介绍锂聚合物电池的相关性能参数，对其他类型电池感兴趣的模友可查阅相关文章。

锂聚合物电池的相关性能参数很多，不过模友在选配和购买时只需了解几个常用参数即可。反映锂聚合物电池性能的关键参数包括：电池容量、串并联数、最大 / 持续放电倍率。

电池容量，指的是电池内可储存电能的量。锂聚合物电池的容量是按其在充满电后放电至最低安全电压过程中，电流或输出功率对时间积分结果标定的，对应的计量单位分为两种：毫安时（mAh）和瓦时（Wh）。前者与电压无关，只表征了放电电流和放电时间的关系；后者则考虑了电压的因素，表征了电池的能量。通常笔记本电脑等设备的电池是以瓦时标示，而航模用电池一般以毫安时标示。

在实际选配和购买过程中，一块标称容量 2 500 mAh 的电池（见图 1-8），表明其在标定实验中拥有以

图 1-5 铅酸电池

250 mA 大小的电流持续放电 10 h 的
能力，或可理解为该电池能以 2.5 A 大
小的电流持续放电 1 h。需要注意的是：
在实际使用中，一般不会将电池放电至
最低安全电压；同时大电流放电时，电
池的放电深度要小一些；另外，在某些
厂商中可能存在虚标容量的问题。也就
是说，模友不能直接将锂聚合物电池的
标称容量当作实际容量来用，而应乘以

0.7 ～ 0.8 的安全系数。

　　由于 mAh 用作标称容量的单位时，
并不能反映电池的电压，因此选择时还需
了解电池的串并联数。航模用电池一般用
英文 "series" 的首字母 "S" 表示串联，
"parallel" 的首字母 "P" 表示并联。例
如，一个标为 "3S1P/2 200 mAh" 的
电池组，表明它由 3 片 2 200 mAh
的锂聚合物电池单体串联而成；如果是

图 1-6 镍镉电池

图 1-7 镍氢电池

"4S2P/2 500 mAh",则表明它由4组电池串联而成,其中每组由两片2 500 mAh的锂聚合物电池单体并联而成。通过电池串并联数,可计算出电池组的总电压。因为一般锂聚合物电池的单体电压是 3.7 ~ 4.2 V,所以标示为"3S"电池组的电压范围是 11.1 ~ 12.6 V,"4S"电池组的电压范围是 14.8 ~ 16.8 V。

锂聚合物电池的充放电倍率是有上限的。一旦超过允许值,轻则会损伤电池,影响性能和寿命,重则会造成电池组的永久损坏。一般用"C"数表示充放电倍率,表示的是电池完成充放电所需时间小时数的倒数,即"xC"说明该电池能在 1/x 小时内完成充放电。锂聚合物电池的允许充电速度是"1C",最大放电倍率依据电池的制造工艺,有"8C"、"10C"、"15C"、"20C"和"30C"等类型。通常最大放电倍率是指短时间放电,持续放电倍率一般低于最大放电倍率(见图1-9)。虽然目前不少航模用电池都标示其最大放电倍率为"30C",但根据笔者的经验,大多数电池无法维持"20C"以上的稳定输出。因此在使用时最好将电池的最大放电倍率控制在"15C ~ 18C"。需要注意的是,不论何种电池,其放电倍率越大,寿命越短。

图1-8 锂电池的容量标示

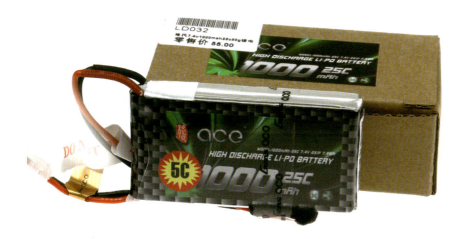

图 1-9　锂电池上标示了最大持续放电电流和最大瞬间放电电流

2. 电　调

如前所述，电调有两个最基本的功能：一是启动并维持电机运转，二是调节电机的转速。比较关键的电调性能参数有：最大额定电流、最大支持电压、最高支持频率、进角设置等。

最大额定电流是模友最需要关心的参数，它表征了电调能够支持电机持续运转的最大输入电流。通常最大额定电流与电调的尺寸、重量和造价都有直接关系，是划分电调规格的参数（见图 1-10）。电调最大额定电流的范围为

10 ～ 100 A，常用范围为 15 ～ 80 A。需要特别注意的是，这一指标是在电调散热良好的情况下测定的。如果使用时周边天气炎热，或者安装位置散热不好，电调的最大额定电流会比标示数值低一些。

最大支持电压，是指电调在标称电流下，能支持的最大输入电压。对应于电池的标示，有的电调会直接标出电压范围（见图 1-11），有的会用电池节数标出电压范围（见图 1-12）。如说明书中标示某电调的最高电压为"6S"，即

图 1-10　不同规格的电调最大额定电流也不同

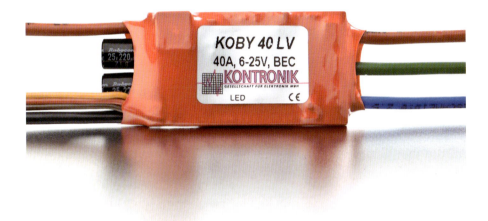

图 1-11 有的电调会直接标示电压范围

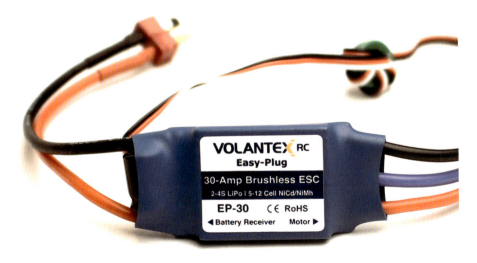

图 1-12 用电池节数标示电压范围

表示其最大能与由 6 节锂电池串联的电池组匹配使用。

最高支持频率，是指电调输出端切换电流方向的速度所能达到的最高频率。最高支持频率的大小与制作电调的电子元件性能有关。通常来说，除非是多极电机需要在高速下运转，否则电调的最高支持频率都能满足电机的使用要求。

电调的进角设置与电机的匹配有一定关系，设置不当会影响电机的启动和加速，以及高转速下的稳定性。每个电调的进角设置方法不一，模友可参照与之配套的说明书自行了解。

3. 电 机

电机的种类很多，不过初入门的模友只要粗略了解一般电动模型飞机动力系统会涉及的分类即可。航模电机可简单分为有刷电机和无刷电机两类，其中无刷电机又分为内转子电机和外转子电机。

有刷电机（见图 1-13）的结构简单、价格低廉，尤其调速电路非常简单。但是由于存在电刷磨损、发热严重等问题，因此除了在某些特殊场合，有刷电机目前已基本被价格逐渐降低的无刷电机所取代。

内转子无刷电机（见图 1-14）直径小、转速高，主要用在涵道风扇（见图 1-15）以及少数电动模型滑翔机（配合行星减速器使用）中。在电动模型飞机的动力系统中，用得最多的是外转子无刷电机（见图 1-16）。外转子无刷电机的设计参数有：尺寸规格、最大允许电流、KV 值。

KV 值（见图 1-17），是指电机在空载状态下，提高单位电压时所能提高的电机转速，或可简单理解为空载状态下其转速和电压的比值。KV 值是电机的一个重要性能参数，其牵涉和影响到的参数很多。初学者不必深究原理，可将其理解为电机扭矩和转速的一种均衡关系。选择的准则是：高 KV 值电机适合在低电压、高转速环境下工作，搭配小直径螺旋桨；低 KV 值电机适合在高电压、低转速环境下工作，搭配大直径螺旋桨。具体选配时，一靠经验，二靠调试，这些都将在后文中详述。

电机的性能与其定子及绕组规格有直接关系。不同厂家对电机的尺寸规格有不同的标定方法（见图 1-18）。常见的有两种：电机定子尺寸和电机外形尺

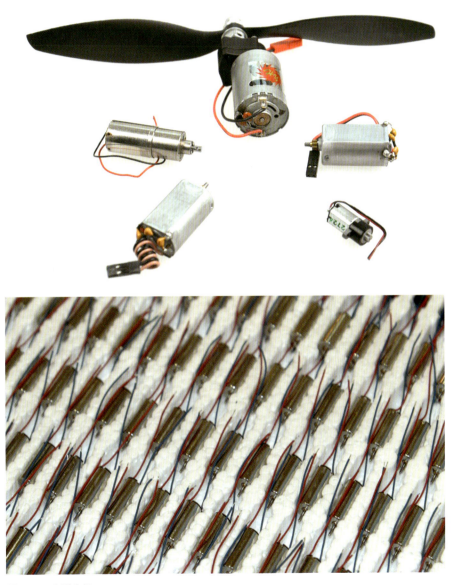

图 1-13　有刷电机

图 1-14　内转子无刷电机

图 1-15　用于涵道风扇的内转子无刷电机

图 1-16　外转子无刷电机

图 1-17 电机上标示的 KV 值

图 1-18 厂家常会根据定子尺寸或外形尺寸标定电机

寸。如一台 AXI 电机的型号是"C28-26-08"。由于 AXI 一般以电机定子的尺寸来标示，因此该型号说明电机的定子直径为 28 mm，定子长度为 26 mm，每极绕组的匝数是 8 匝。这种标定方法较为合理，通过型号用户可大致了解电机的绕组情况，进而估算出 KV 值、功率等。又如同系列的另一台电机，型号是"C28-26-12"。与前者相比，二者的定子直径和长度相同，可推断功率是接近的；后者绕组匝数多，可推断其 KV 值更低，可搭配更大直径的螺旋桨。另一种标定方法参考的是电机的外形尺寸，多见于国内的一些厂家。如电机的型号是"3530"，那么其外径为 35 mm，长度为 30 mm。这种标定方法可使用户立刻了解电机的尺寸，但不利于他们在不同厂家的产品之间做出选择。例如型号分别是"3530"和"3628"的电机，虽然外形尺寸不同，但其定子可能是完全一样的，二者功率十分接近。

根据散热量的大小，每个电机工作时能承受的最大电流是有限的。这个指标被称为最大允许电流，以安培（A）为单位。因为无刷电机都是三线电机，所以一般以电调的输入电流，即电池输出线上的电流作为其总电流，超额运行时很容易被烧毁。

4. 螺旋桨

螺旋桨是模型飞机动力的最终执行机构，是动力系统中非常重要的部件。按照功能不同，螺旋桨可分为电动桨和油动桨；按照桨叶数量，可分为二叶桨、三叶桨（见图 1-19）和多叶桨；按照制作材质，可分为木桨、尼龙 / 塑料桨、树脂纤维桨等。

螺旋桨种类繁多，且各具特点。初学者通常用到的是木质或尼龙 / 塑料材质的二叶桨（见图 1-20、图 1-21）。因为这类螺旋桨的制造工艺相对简单，所以在市面上规格较全、价格便宜、容易买到。三叶桨和多叶桨一般用在特殊航模上，如螺旋桨桨叶直径受限的模型、原型机使用了三叶桨或多叶桨的像真模型飞机等。而以玻璃纤维或碳纤维为主要原料的树脂纤维桨由于制作成本较高，一般用在专业级航模上，如发烧友DIY 的高端航模、国际级竞赛机、无人机等。此外模友须谨记一点，永远不要在固定翼模型飞机上使用金属材质的螺旋桨。

螺旋桨的主要参数有直径、桨距和

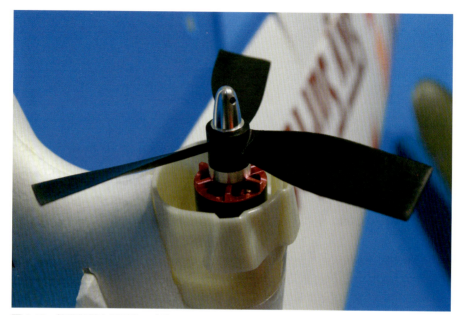

图 1-19　特殊航模上用到的三叶桨

图 1-20　航模用木质二叶桨

图 1-21　航模用尼龙／塑料材质的二叶桨

桨型。其中直径是其旋转平面——桨盘的直径。桨距指螺旋桨旋转一周，桨平面上升的高度。可将其简单地理解为表征桨叶扭转程度的参数：桨距越大，桨叶扭转得越厉害。一般来说，螺旋桨上标示的数字都以英寸（1 in=25.4 mm）为单位（见图 1-22），少数小型桨上标示的数字也会以厘米为单位（见图 1-23）。如一只标有"16×8"字样的螺旋桨，其中的"16"表明其直径为 16 in（英寸），"8"表明其桨距为 8 in。

螺旋桨的桨型包括桨叶的剖面形状和桨的平面形状。桨叶的剖面形状一般为平凸或双凸翼型，且在桨尖采用薄翼型，桨根采用厚翼型。螺旋桨的平面形状则因品牌、用途不同而各有差异。一般而言，电动桨相比油动桨，其最大宽度位置更靠近轴心（见图 1-24 ~ 图 1-26），且桨叶较薄。之所以出现这些差异，一是油动发动机必须依靠惯性来完成压缩冲程，因此要求负载有足够的惯量，而桨叶厚一些利于增加惯量（见图 1-27）；二是油动发动机工作时震动大，厚度大可保证桨叶有

图 1-22　螺旋桨的直径和桨距标示，以英寸为单位

图 1-23 螺旋桨的直径和桨距标示，上方桨以厘米为单位

图 1-24 油动螺旋桨的最大宽度位置靠近桨尖

图 1-25　电动螺旋桨的最大宽度位置更靠轴心

图 1-26　同规格油动螺旋桨（下）与电动螺旋桨（上）最大宽度位置对比

图 1-27　油动螺旋桨桨叶较厚

足够强度，不容易疲劳断裂。电动动力系统则不存在这些问题，因此桨叶较薄较轻（见图1-28、图1-29），且螺旋桨的最大宽度位置更靠近轴心，以减小其惯量和阻尼，提高电机的加速性能。

螺旋桨的桨叶一般逆时针旋转（从正面看），这样可保证固定螺母时刻处于拧紧状态。但有一种特殊桨，桨距为反向，只有顺时针旋转才能工作，被称为"反桨"。因自身不能反转，故油动发动机作为推进装置时，必须使用反桨。而电机则因旋转方向可调，可以不使用反桨。某些采用多发布局或以共轴反桨为动力的模型飞机上，因需要平衡多个螺旋桨产生的反扭矩，也会用到反桨（见图1-30、图1-31）。

螺旋桨的各项参数对其性能都有影响，其理论计算过程较为复杂。有一个简单好记的大致规律：螺旋桨产生的拉力，与其直径的三次方、转速的二次方及桨距的一次方成正比。由此可知，各项参数对螺旋桨拉力的影响：直径最大、转速次之、桨距较小，其余参数则更小。

图 1-28　电动螺旋桨桨叶较薄

图 1-29　同规格油动螺旋桨（上）与电动螺旋桨（下）的桨叶厚度对比

图 1-30　碳纤维材质的"正桨"和"反桨"

图 1-31　尼龙／塑料材质的"正桨"和"反桨"

（三）电动动力系统的安全须知

安全无小事。模友了解了电动动力系统的基本知识后，应在选购和安装前，熟悉并牢记从事航模活动的安全知识。这不仅能有效保证自己和周围人的人身安全，也能减少投资的损失。很多模型器材的包装袋上或说明书中都有醒目标识：您购买和准备使用的设备不是玩具。

1. 选配的安全禁忌

在为航模选配一套电动动力系统时，模友要充分考虑其中的安全因素。

首先在选配时，电池、电调、电机和螺旋桨的各项参数应在不超限的前提下，满足模型的最大动力使用要求。现在有一些经销商，尤其是网店，会用"暴力改装"、"暴力配置"等字眼来吸引消费者的眼球。他们提供的电动动力系统配置，有很多是通过超额过载使用部件来实现"暴力输出"的。笔者认为，在航模活动中追求更高、更优性能的初衷没有错，但应通过改进设计、提高工艺、优化配置等途径来提高，而非以超额过载使用器材，甚至不惜逼近"烧毁"临界值的代价来增加动力。

其次，不管个人的经济能力如何，模友都要选用质量有保证的器材（见图 1-32）。作为一项业余爱好，航模活动的档次跨度极大，并不是每个人都有足够的"银子"为此买单。如果经济条件有限，建议初学者从入门级航模开始，循序渐进地开展活动。在选购时，切不可贪图便宜，买一些标示性能参数很高、实际上虚标严重、做工粗糙的器材。由于一些小作坊无法像大厂商那样，拥有专业的设计团队和测试设备，因此其产品的实际性能往往不达标。而市面上销售的很多三无产品，虽然价格便宜，但在生产过程中可能为降低成本、追求经济利益，采用了不合格原料，留下安全隐患。在后续篇章中，笔者将介绍一些口碑好、质量高的航模器材生产厂商，供模友选择、参考。

2. 安装的安全要素

电动模型飞机动力系统的安装，包括电机和螺旋桨的机械连接、模型的结构连接、电调和电池的电路连接等方面。在后续篇章中，笔者将针对不同机型做详细讲述，这里先介绍几条最基本的安装原则。

第一条原则是，模型飞机上任何两

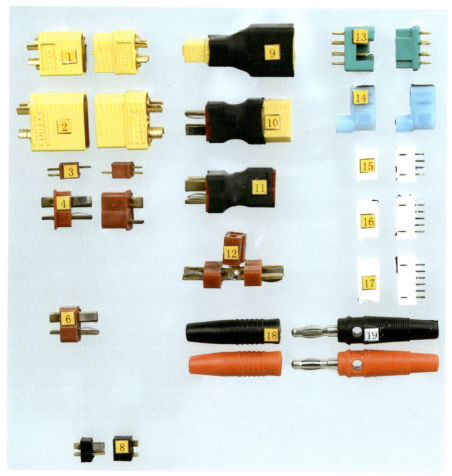

图 1-32　电源线和插接件需能承受足够大的电流

个可运动的部件间都不能存在干涉。具体到电动动力系统来说这是，电机转子和螺旋桨与其他部件间要留出安全距离，不仅要杜绝明显的碰撞、挤压，还要防止出现轻微剐蹭。有一点模友须注意：即使静态观察时部件间无干涉，也要检查工作状态中螺旋桨是否因受力变形，电机是否因震动而可能剐蹭到其周边部件。使用了大直径塑料 / 尼龙螺旋桨，或是机体结构较软的模型，须在其部件间留出更大的安全距离。

第二条原则是，模型的结构连接不应将就、对付。实际上，航模的每个部分都有很多种结构设计方案。在此，笔者提倡在设计和安装时尽量采用更稳妥的方案，决不"怕麻烦"、"图省事"。在处理结构连接时，总原则是：能用结构传力就不用连接件；能用连接件就不用胶粘；能用螺钉、螺母就不用自攻钉、尼龙搭扣等；能用防松螺母就不用普通螺母。

第三条原则是，电路连接要"够分量"。对大多数模型飞机，尤其是小型机而言，导线、插头（见图 1-33、图 1-34）等占模型总重的比例非常可观。如优质硅胶外皮、纯铜镀银的 18 AWG 导线（见图 1-35），每

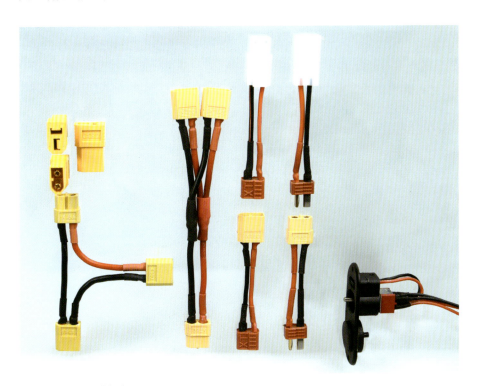

图 1-33　各种形式的插头

米重量可达几十克。虽然减重是航模制作中需要注意的一个重要因素，但千万别从线材方面"动脑筋"。

在使用过程中，航模电机的电流动辄达数十安培。模友可仔细观察家中空调，尽管立式空调的功率大，但因使用电压为 220 V，其实际电流反而没有模型上的小电机大。可是为了安全，空调配备的导线差不多有小指粗细。如果一味在线材上"减重"，那么工作时导线会因"过载"发热，轻则影响动力大小，重则导致线路熔毁，甚至引燃模型飞机。

图 1-34 防火镀金插头

图 1-35 使用硅胶外皮的优质导线

3. 使用的安全习惯

俗话说："细节决定成败。"要保证安全，爱好者在平时的试飞和训练中应养成一些好的飞行习惯。这里笔者将过去几年飞航模的经验总结了一下。虽然针对的是电动模型飞机的动力系统，但对其他航模来说也有保障安全的效果。

第一条，模友在进行制作、调试、维修等工作后，应清点工具、收拾工作台、及时清理垃圾废料。无论是军用航空还是民用航空，清点工具和维持工作场所整洁都是非常重要的，必须有效执行。航模的很多结构源自飞机，虽然不太可能发生"钳子留在飞机上，扳手掉进发动机里"的情况，但如能将工具摆放得井井有条、可随手取用，绝对可以提高工作效率，不会发生需要时找不到的情况。举个笔者亲见的反面例子，一位模友的模型飞机因为电路故障，在调试时机身突然冒烟。关键时刻，他在乱作一团的工作台上怎么也找不到打开设备舱螺丝的内六方扳手。不一会儿，模型开始燃烧，尽管及时用灭火器扑灭了，但几千元的航模却报废了。事后查明，这次事故只因两个插头间短路。如果当时这位模友的工作台秩序井然，他就能

及时打开机舱断电，避免几千元的损失。

第二条，很多模友都有耳闻，即锂电池充电要留人，人走一定要断电。前面提到，航模用锂电池与日常生活中用到的锂电池不同。普通锂电池，不仅其内部有维持稳定的化学成分，输出端还有保护电路，而这些航模用电池往往没有。能量巨大的航模用电池一旦发生意外，后果会很严重。因此在给航模用电池充电时，一定要做到有人值守。除了电池，离开工作台时，模友还应注意其他发热设备，如电烙铁、电熨斗等一定要断电。即便是"出去吃个饭，回来还接着用"，也一定要给所有设备断电。

第三条，重要工作始终一人完成，危险工作须有人协助。在航模活动中，有些重要工作，如电路连接、关键螺钉的拧紧等，如果中途贸然换人又没做好交接工作，就很可能出现遗漏和差错，因此建议重要工作全程由一人操作。而在做有一定危险性的工作时，如大功率电机试运转、实验性模型飞机首飞、操作大型机械加工机床等，即使自身已熟练掌握技巧、能够独立完成，也应找一位熟悉类似工作的模友在旁协助，以免

出现危险时无人帮忙的情况。

第四条，像准备飞行一样准备调试。一些模友在航模即将完成时会很激动，迫不及待地就在工作台上开始通电调试，甚至在导线还没匝好、接收机还未固定的情况下，只用手按着就开始感受动力的轰鸣，这些做法无疑是非常危险的！建议模友将每次动力调试都看作试飞前的最后一次准备。每次都要像准备飞行一样，收拾整理好测试工具，安装、固定好模型飞机的所有部件，清理出工作台或者到有足够空间的地方调试。动力系统开始运转时，一定要保证所有在场人员远离螺旋桨平面，以免其损坏或打到杂物时甩出的碎片伤人。

最后一条，为自己做一个检查单。虽无必要像飞机那样，为航模编制各种维护手册、检查规程，但简单地写几条检查备忘还是很有必要的。如列一个外场飞行要带的器材目录，可防止忘带东西；列一个模型飞机连线和遥控通道设置的记录，可避免在外场重新调试；列一个动力接通前的备忘事项，可不遗漏重要步骤；列一个动力电池的充放电 / 飞行记录，有助于监控电池状态。

4. 储存的安全规则

存放模型飞机及相关工具时，重点要注意电池的储存。锂电池应单独存放（见图 1-36），不可与木材、布料等易燃物放在一起；还应注意绝缘存放，即不与可能导致短路的线材、尖锐的金属物等一起存放，裸露的电池接头做好绝缘保护。准备一个防火防爆的电池专用储存袋（见图 1-37 ～图 1-39）是不错的选择。

电池需长时间存放时，应预先检查剩余电量。因为长时间储存时，放完电的锂聚合物电池可能发生过放电损坏，而满电的电池可能会"鼓包"（见图 1-40），所以建议将电池电量调整至 70% ～ 80% 为宜。目前，很多充电器都有充电至存储电压的功能（见图 1-41），非常实用。长期存放时一定做好记录，定期检查电池的剩余电压，发现故障电池应及时隔离。

因各种原因无法正常使用的电池，须隔离存放。尤其"炸机"后因外观变形无法判断状态的电池，即使短时间内电压和容量正常，内部损伤也有可能导致其突然自燃。这类电池在观察期间要单独存放。确认无法使用的电池，应及时处理。鉴于目前国内还没有安全、环保处理锂聚合物电池的回收机构，笔者建议的处理方式是挖坑深埋。

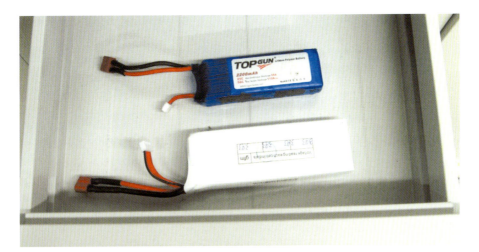

图1-36　尽量单独存放锂电池

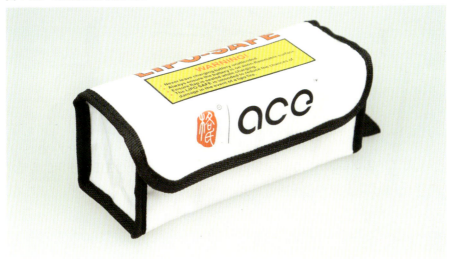

图1-37　具有防火能力的锂电池保护袋

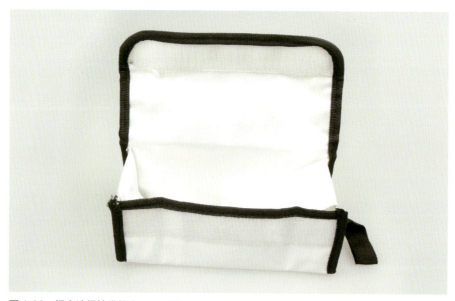

图 1-38　锂电池保护袋的内胆用隔热防火材料制成

图 1-39　将锂电池放入保护袋

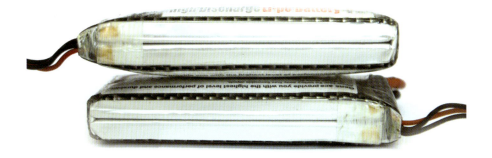

图 1-40　因储存不当"鼓包"的锂聚合物电池

图 1-41　不少充电器有锂电池储存模式

选配原则

在本书的第一部分初步认识中，笔者介绍了航模电动动力系统的基本组成、性能参数和必备的安全知识。接下来，笔者将从理论入手，分析航模电动动力系统选配的一般规律，供大家参考。

（一）不同机型航模电动动力系统的配置

虽然大部分航模电动动力系统的构成相似，但因机型的不同，以及重量、体积及飞行性能要求不同，相应动力系统的特点也不同。优秀的动力性能是航模飞行性能的重要保证，而合理的动力系统选配是实现前者的必要条件。在实际飞行中，如果电动动力系统各部件选配合理，那么采用了档次一般的器材，航模也能稳定可靠地飞行；反之，如果选配不合理，即使采用了昂贵的高端器材，也可能发生烧毁电机、损坏模型的情况。

简单介绍几条通用的电动模型飞机动力系统配置原则，适用于入门的初学者。在为模型飞机选配电动动力系统的部件之前，模友须熟知并遵循这几条基

本原则，才能保证航模的气动特性和飞行安全。

动力系统的具体配置原则如下：

1. 推重比应满足飞行要求

推重比，是飞机动力系统最大推力/拉力与飞机飞行重量的比值。该参数是衡量动力系统乃至整架飞机性能的重要参数，尤其会对飞行性能产生很大影响（见图 2-1、图 2-2）。具体到模型飞机，从理论上来说，只要动力系统产生的与前进方向相同的推力能克服飞行时的空气阻力，模型就能持续飞行。但实际飞行时，这还远远不够：模型飞机起飞时要抵消地面与起落架之间的摩擦力；加速时要克服机体的惯性力；爬升或机动时要平衡其重力带来的一个沿机身轴线的分力；着陆时还要能随时提供足够的推力以保证复飞……

因此，航模动力系统要能提供的最大推力，必须超出其"平飞"时所需的推力。这样超出部分才能用于应对上述情况，也就是说"剩余推力"要足够大。"剩余推力"的大小决定了模型的加速性能、爬升性能、机动性能、起飞距离等。而若想获得足够的剩余推力，航模动力系统的推重比必须要大，即必须达到或超过设计的推重比。

图 2-1 战斗机的推重比较大

图 2-2 民航客机的推重比较小

2. 重量不应大大增加翼载荷

实际装机时，模友常会遇到这样的情况：由于对模型飞机的起飞重量没有明确限制，因此在已知空机重量情况下，不管是选配拉力较小、重量较轻的动力系统还是拉力较大、重量较大的动力系统，模型飞机的推重比都相同。此时该如何决定？

要解决这个问题，还应考虑模型飞机的翼载荷。翼载荷是飞机单位面积升力面所承受的气动力载荷。在平飞状态下，飞机的翼载荷可理解为单位面积升力面分担的飞机重量，即粗略计算为飞机重量除以机翼面积。飞机翼载荷通常采用国际单位制，即"千克/平方米（kg/m²）"，但因模型飞机翼载荷的数量级较小，通常采用的单位是"克/平方分米（g/dm²）"。

翼载荷可衡量飞行中机翼的受载状况，直接影响到飞机的飞行性能：翼载荷小，飞行速度慢，飞机的操纵性和机动性较好；翼载荷大，飞行速度快，飞机的机动性较差，但飞行阻力小，抗风性和穿透性较好。因此，根据机型和任务要求的不同，飞机的设计翼载荷各有差异（见图2-3、图2-4）。在选配电

图2-3　翼载荷大的飞机飞行速度快

图2-4 翼载荷小的飞机飞行速度慢

动模型飞机的动力系统时，同样要考虑到翼载荷的大小及其影响。须注意不能让翼载荷严重偏离设计值，否则会严重影响模型飞机的飞行性能。

3. 安装不应妨碍模型配平

模型飞机对其重心的位置非常敏感，因此模型是否配平对其稳定性和操纵性意义重大：重心位置的偏差轻则让航模"很不好飞"，重则根本无法飞行。

由于电动动力系统的重量占模型飞机总重的比例较大，且模型的配平对飞行性能影响很大，因此在选配和安装动力系统时，都要格外"关照"模型的配平。无论是初期选择器材时，还是进行动力升级改装时，都应大致估算动力系统的总重、规划各部件的安装位置。安装时，尽可能通过移动电池的方法调整模型飞机的重心位置（见图2-5、图2-6），尽可能做到"零配重"或小配重。如果发生受空间等限制模型无法配平，必须

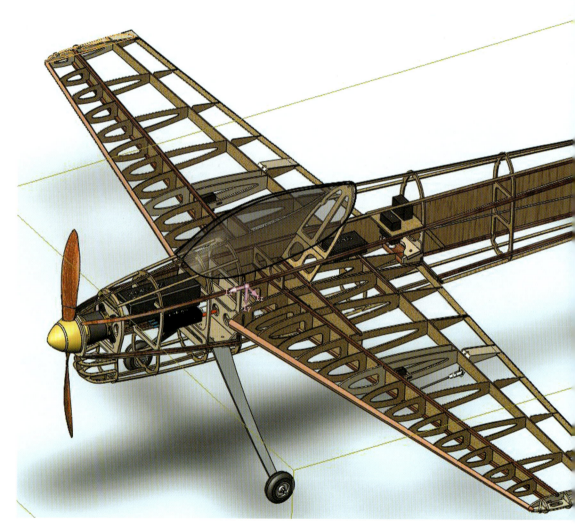

图 2-5　电池放置在机头时，模型重心靠前

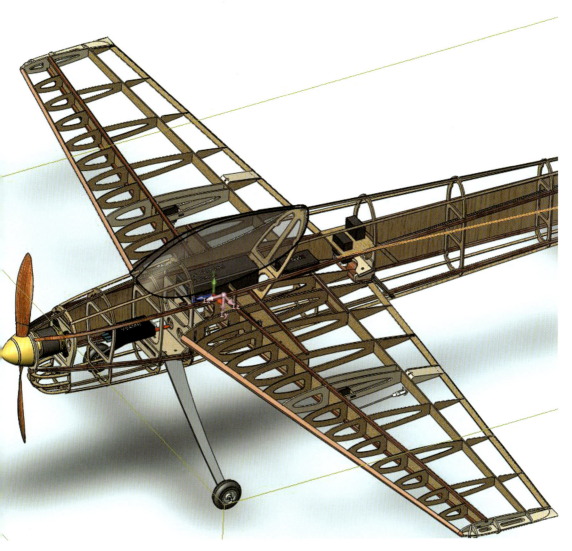

图 2-6 电池放置在机舱时，模型重心后移

添加较大重量配重的情况，则应考虑更改动力系统的配置，或修改模型飞机总体布局设计。

4. 配置不应影响气动特性

模型飞机和真机一样，其飞行性能是各气动面与气流相互作用的结果。不同的一点是，电动模型飞机的动力系统通过螺旋桨产生拉力／推力，将不可避免地对气流造成扰动。

模型飞机螺旋桨的尾流在满足某些条件的情况下，虽然能增加尾翼上舵面的操纵效率，但同时有可能降低尾翼的稳定性，引起震动，甚至出现大动力下操纵异常灵敏、小动力下操纵效率下降的现象。

举例来说，未安装在模型轴线上的动力电机（背推设计的模型滑翔机或水上飞机，见图 2-7、图 2-8），易导致航模产生低头或抬头力矩，影响其气动特性。此时须做相应的角度修正，尽量减少动力系统对模型飞机整体气动特性的影响。又如螺旋桨滑流可能会影响机翼根部或翼身融合体的升力效率；大直径螺旋桨在模型怠速滑翔时迎风阻力较大……这些问题都应在选配动力系统时考虑到。

5. 最大工作电流不应超过部件限额

尽管在飞行时，电动模型飞机的动力系统不会一直处于最大电流状态，但确保其最大电流不超过各个部件的工作限额仍是一条非常重要的配置原则。

如果超过了限额，最严重的情况是部件烧毁（见图 2-9、图 2-10）。无论是电机用的漆包线，还是电调用的 MOS 开关管，其耐高温性能都有硬性参数。越优质的器材，其选材也更考究，耐温性能参数也更高。当动力系统的工作电流超过设计值时，因为工作产生的热量无法及时传递到机体外，所以部件极易被烧毁。在模型的起飞阶段，某些被称为"暴力配置"的动力系统短时间内超额运行并没有问题。原因是这一时段动力系统因通电时间短、散热小，且其零部件温度较低。虽然一般不会烧毁，且起飞时模型可获得更大推力，但笔者不建议这样使用。因为若遇到需要着陆复飞的情况，由于此前模型飞机已飞行了一段时间，电机和电调的温度已非常高，因此再次超额运行很容易导致电机或电调烧毁（见图 2-11）。

即使不发生烧毁事故，若出现电调在空中直接进入保护状态等情况，也会

图 2-7　水上模型飞机高置的动力设计会产生下推力矩

图 2-8　尾推式动力布局的模型滑翔机易导致航模"低头"

图 2-9 为防止漆包线烧毁，电机上往往会留下很大的散热孔

图 2-10　超额使用导致电机烧毁

图 2-11　超额使用导致电路板烧毁

危及航模的飞行安全。尽管某些电调具备自保护功能，即在电流过大、温度过高时会限制自身功率，或直接关停电机，但笔者建议，如果发现电调因超额运行时常进入自保护程序时，还是应尽快改善电调的散热性能——用导热硅脂和散热片进行改装。可能的话，最好将电调的自保护设置为限制功率而非直接关停电机。这样能保证模型飞机在电调过热时仍然可以安全返航。

超额使用还会导致器材寿命锐减。超额运行时，电池的寿命和可用容量会受影响并减小，而电机则会因高温导致磁钢退磁，工作效率降低，进而恶性循环。

因此，无论出于何种考虑，模友都不必为省钱而采用"小马拉大车"的动力配置，否则往往是"捡了芝麻丢了西瓜"，使自己的"投资"遭受到更大，且不必要的损失。

（二）动力系统基本参数的确定

前面的内容提到了电动模型飞机动力系统配置的几个常用原则，其中涉及很多设计参数。那么如何根据机型的基本参数和性能要求确定动力系统参数的大致范围，进而选配得到合适的动力系统呢？笔者向大家介绍翼载荷、推重比等几个基本参数的确定方法。

1. 不同机型翼载荷的要求

真机的翼载荷，与飞行速度、起降性能、爬升性能、机动性能、最大航程、最高升限等有关系。总的来说，要求高机动性、起飞着陆速度小的飞机，多采用较小的翼载荷；而要求飞行速度快、阻力小的飞机，多采用较大的翼载荷。模型飞机的飞行性能和翼载荷间也有类似的关系，即模型飞机的翼载荷大小与其类型和用途息息相关。这里要指出的是，并不是飞机越大、越重，其翼载荷越大。

表 2-1 列出了不同类型飞机翼载荷的大致范围，表 2-2 则列出了常见航模翼载荷的大致范围。通过表中数据，读者可对翼载荷大小与飞机类型的关系有一个大致了解，并知道需要选配动力组的模型飞机的翼载荷范围。

除了考虑模型飞机的类型外，在为自己的模型飞机选配动力组时，还

表 2-1 不同类型有人飞机的翼载荷

飞机类型	翼载荷范围 / （ kg/m² ）	典型机型			
		机 型	翼载荷 / （ kg/m² ）	巡航速度 / （ km/h ）	最大速度 / （ km/h ）
通用航空飞机	50 ~ 150	塞斯纳 172S （见图 2-12）	60 ~ 70	226	245
战斗机	250 ~ 550	F-16	260（平飞）	无	2.0Ma
		Su-27 （见图 2-13）	360 ~ 530	无	2.35 Ma
涡桨运输机	400 ~ 600	安 -12/ 运 8 （见图 2-14）	500 ~ 550	550	660
		C-130	430 ~ 490	602	645
小型喷气民航机	600 ~ 800	波音 737-800 （见图 2-15）	500 ~ 550	0.785 Ma	0.82 Ma
		空客 A320-200	600 ~ 630	0.78 Ma	0.82 Ma
大型喷气民航机	600 ~ 800	波音 747-400	740 ~ 780	935	969
		空客 A380-800 （见图 2-16）	650 ~ 670	903	1020
大型喷气运输机	600 ~ 800	C-17 （见图 2-17）	700 ~ 750	0.74 Ma	0.77 Ma
		伊尔 -76	600 ~ 630	750	850

应适当考虑其飞行科目。简单地说，就是模友想要体验哪一类飞行。如果希望体验慢悠悠、轻飘飘的飞行，设计时翼载荷可定小一些；如果想在小场地做大迂回、高机动的飞行动作，那么翼载荷不应过大（见图 2-18）；如果喜欢在宽阔场地飞大航线并得到类似真机的速度冲击感，那么翼载荷可偏大一些（见图 2-19）。

表 2-2 不同类型航模飞机的翼载荷范围

模型飞机类型	翼载荷范围 / （ g/dm² ）
模型滑翔机	15 ~ 35
室内 / 超轻型模型	30 ~ 50
练习机	50 ~ 70
竞赛 / 表演机	60 ~ 100
像真机	80 ~ 150

图 2-12　通航飞机赛斯纳 172S

图 2-13　战斗机 Su－27

图 2-14　涡桨运输机运 8

图 2-15　喷气民航客机波音 737

图 2-16　大型喷气民航机 A380

图 2-17　大型喷气运输机 C-17

图 2-18　小场地、低速飞行的 F3P 模型飞机翼载荷较小

图 2-19　翼载荷大的航模可营造类似真机的速度冲击感

2. 不同机型推重比的要求

　　前面讲了飞机推重比的大小决定了其剩余功率的大小，是衡量飞行性能的一个重要参数（见图2-20）。而达到设计时的推重比，则是飞机动力系统必须满足的基本要求。那么在选配模型飞机动力部件时，最为关键的参数——推重比该如何确定？

　　表2-3给出了不同类型载人飞机推重比的范围，表2-4则给出了常见类型模型飞机推重比的范围。对比两张表格，不难发现，模型飞机的推重比要比载人飞机的大一些。之所以如此，原因一是模型飞机一般在目视距离内飞行，需要做更多的机动动作；二是由于尺寸较小，导致其雷诺数小、气动效率低，因此正

图 2-20　推重比直接影响模型飞机的加速、爬升等机动性能

表 2-3　不同类型载人飞机推重比范围

飞机类型	推重比范围	经典机型	推重比
大型喷气运输机	0.25 ~ 0.3	C-17	0.27
大型喷气民航机	0.25 ~ 0.4	波音 747-400	0.29
小型喷气飞机	0.3 ~ 0.6	湾流 G550	0.38
教练机 / 攻击机	0.6 ~ 0.9	FBC-1	0.82
战斗机	0.9 ~ 1.2	歼 10	1.024

注: 表中推重比数据, 运输机以公式 "发动机最大推力 / 飞机最大起飞重量" 计算, 战斗机以公式 "发动机加力最大推力 / 飞机典型任务重量" 计算。

常飞行时也需具有更大的推重比。在选配动力系统时, 模友可依据表 2-4 对号入座, 看看自己的模型飞机属于哪一类型, 需要多大的推重比 (见图 2-21、图 2-22)。

表 2-4　常见类型模型飞机推重比范围

模型飞机类型	推重比范围
动力滑翔机	0.3 ~ 0.4
初级练习机	0.7 ~ 0.9
像真机	0.8 ~ 1.0
特技机 / 竞赛机	0.9 ~ 1.2

图 2-21　电动模型滑翔机等升阻比较大的模型飞机，推重比可以小一些

图 2-22　固定翼特技模型飞机的推重比应大一些

需要注意的是，推重比并非越大越好。在满足设计推重比的情况下，模型飞机的推重比越大，则动力系统对其气动特性和操纵性的附加影响越大。而且，动力组重量的增加还会造成翼载荷过大，反而使得模型飞机的飞行性能下降。因此模型飞机的动力系统能满足推重比要求即可，切不可盲目追求高指标。

经分析确定好模型飞机的翼载荷和推重比后，结合未安装动力组的空机重量就可大致确定要选配的动力组的重量和拉力大小。这样就完成了选配动力组的第一步。

（三）动力组的初步选配

如今，随着电动模型飞机技术的迅速发展，其动力设备可供选择的范围非常广，只要大致参照厂家给出的性能参数，或是资深模友提供的经验数据，就可找到能满足要求的动力搭配。而确定动力组的重量与拉力大小后，即可从电动模型飞机常见的动力组配置中选出一个合适的搭配方案。

为了更好地介绍选配流程，同时给模友提供一个方便查阅的参考依据，笔者统计了常见的电机、电调、电池、螺旋桨等航模器材对应的性能参数范围，并整理出各类动力组件间典型的搭配方式。表 2-5 的信息来源于各种模型器材的标称参数、生产商推荐的配置、实际使用经验等，仅供参考，不可作为衡量动力系统性能的标准。实际使用时，电动模型飞机动力系统的性能会受产品设计、选材、制造工艺、使用方法等因素影响。在制造工艺较低、选材较差的情况下，应保守选取性能数据。

表 2-5 中所列电机基本涵盖了普通电动模型飞机上会用到的型号。参照表中给出的数据，模友可按如下流程来完成电动航模动力系统的初步选配：首先根据估算的翼载荷和推重比，得出动力系统应提供的拉力大小，选出合适级别的电机和螺旋桨组合；然后依据所选电机的最大额定电流，选择所需电调（其标称电流应大于或等于电路的最大额定电流）；最后参照电路的额定电流，根据从估算动力系统总重量中减去电机、螺旋桨和电调的重量后得到的剩余重量，选择一块合适的航模电池。

表 2-5 常见动力组配置略表

电机规格（按定子直径分类，mm）	17/18	22	28	35	41
外形尺寸 /mm	外径 22 ~ 24 长度 20 ~ 36	直径 28 长度 20 ~ 40	外径 35 ~ 38 长度 30 ~ 45	外径 41 ~ 45 长度 40 ~ 60	外径 50 ~ 58 长度 40 ~ 60
常见型号	2223 ★ 1806 ☆	2826 ★ 2208 ☆	3542 ★ 2820 ☆	4250 ★ 3520 ☆	5050 ★ 4120 ☆
KV 值	1 000 ~ 2 500	700 ~ 2 000	500 ~ 1 500	400 ~ 1 000	300 ~ 600
螺旋桨直径 /in	6 ~ 10	9 ~ 12	11 ~ 14	13 ~ 15	14 ~ 16
最大转速范围 /(r/min)	7 000 ~ 10 000	6 000 ~ 9 000	5 000 ~ 8 000	5 000 ~ 7 000	5 000 ~ 7 000
最大电流 /A	10	15 ~ 20	25 ~ 45	35 ~ 70	50 ~ 85
电池规格 /mAh	2S 800/1 300	3S 1 300	3S/4S 2 200	3S/4S 4 400	5S/6S 大于 5 000
拉力范围 /kg	0.3 ~ 0.8	0.8 ~ 1.5	1.5 ~ 2.5	2.0 ~ 3.0	2.5 ~ 3.5

注：在"常见型号"一栏中，标示★的型号以外形尺寸为标准（如双天等）；标示☆的型号以定子尺寸为标准（如AXI、天蝎星等）。

（四）根据实际情况调整动力系统的配置

完成动力系统的初步选配后，模友千万别着急购买和安装动力组件。这是因为选配时，不仅要结合前文介绍的理论选定动力组件的大致参数范围，还要参考每架模型飞机的实际使用情况做出细节处的调整。在初步选配后，还要根据具体机型的尺寸、结构特点以及飞行性能对初选方案进行调整，最终确定电动模型飞机动力系统各组件的参数和选型。由于动力组的初步选择从电机和螺旋桨开始，因此最终方案的细节确定也从这部分着手。

1. 螺旋桨尺寸的选择

螺旋桨的主要作用是将电机的机械能转换成拉力。螺旋桨之所以能产生拉力，是因为其桨叶的横截面具有翼型，所以当空气流过螺旋桨时，会产生一个向前的作用力，从而推动模型飞机向前飞行。模友需特别注意这一点，螺旋桨不是利用将空气吹向后方的反作用力产生拉力（这正是螺旋桨与涵道风扇的主要区别），因此不能简单地认为"螺旋桨旋转产生的风速越快，拉力越大"。

由于螺旋桨的拉力与其直径的三次方成正比，因此在其他条件允许的情况下，可尽量选择大直径的螺旋桨。在做细节调整时，首先要考虑安装环境，防止螺旋桨因桨叶过大而与机身其他部件发生干涉；如果桨叶较薄，还应注意桨叶变形后是否与其他部件干涉。其次在机身较低时，注意是否有螺旋桨打地的可能；尾推布局的则要注意其抬头时是否有螺旋桨打地的可能。最后在机身截面较大时，特别注意避免机身对螺旋桨滑流的遮挡；尾推布局的则要避免机身对来流的扰动。

具体选购时，笔者有以下建议。

若要避免气流遮挡或扰动，那么螺旋桨根部被机身遮挡的范围不能超过其直径的 1/5（见图 2-23），即宽度约 70 mm 的机身，至少要搭配直径 14 in（355.6 mm）的螺旋桨，还可考虑使用直径更大的螺旋桨或采取整流措施。

若要桨叶不出现干涉现象，那么桨叶与机身任何固定部件的距离都应大于 20 mm，较薄或材质较软的桨叶还须留出更大的安全距离。

若要防止桨叶打地，那么螺旋桨旋转时距地面最近点的高度至少要大于其直径的 1/10。经常在草地、碎石路面起飞着陆的模型飞机（见图 2-24），该高度则至少要大于螺旋桨直径的 1/5。

选择尾推布局的模型飞机（见图 2-25）选配螺旋桨时，要以模型 10°～15° 抬头时的姿态判断桨叶是否会打地，且最好增加腹鳍、护尾器等防擦尾措施。对于易"拿大顶"的采用后三点式起落架的模型、尾推布局的模型，以及起落架间距较小、易出现"侧翻"的模型，须更加注意对其螺旋桨的保护。

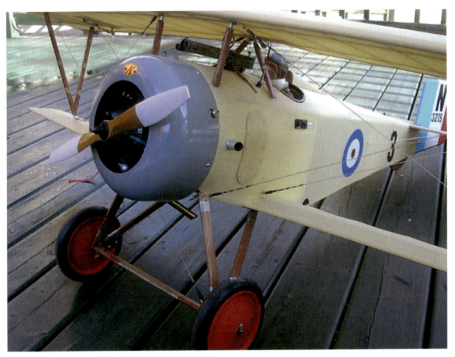

图 2-23　机身直径过大会降低螺旋桨的效率

图 2-24　在未经铺设的路面上起降的模型飞机，要更加注意其螺旋桨与地面之间的距离

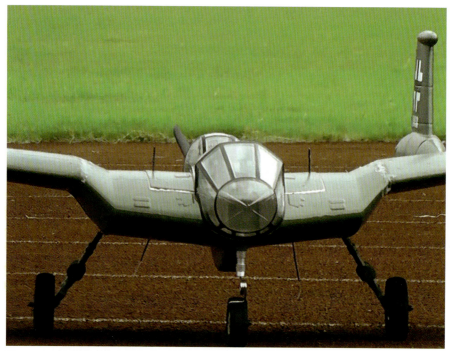

图 2-25　对于尾推式布局航模，须防止其螺旋桨打地

2. 螺旋桨与电机的匹配

在电机的规格选择上，除了上节提到的拉力大小，还须考虑其与螺旋桨的匹配。螺旋桨只有与电机合理搭配，才能在合适的转速下稳定高效地工作。挑选电机时，需要关心的核心参数是 KV 值。结合表 2-5 不难看出，大直径螺旋桨一般需要搭配低 KV 值电机才能产生足够的扭矩，而小直径螺旋桨一般需要搭配高 KV 值电机才能在小电流、低电压下达到较高转速。

选购电机时还有一些实用的窍门，具体如下。

窍门一：在电流、功率等参数相同的情况下，大直径、小长度的电机往往比小直径、大长度的电机具备更好的散热能力。同时电机直径的增大会使其产生的扭矩变大，有助于提高驱动效率，但启动和加速性能会稍降。

窍门二：转速最能反映螺旋桨与电机的匹配度。有经验的模友可通过螺旋桨和电机工作时的声音来判断二者是否匹配；新手则可通过转速表测出的电机转速来判断。一般，全油门时电机转速范围为 6 000 ~ 12 000 r/min。其中直径 14 in 以上的螺旋桨转速低，约 6 000 ~ 8 000 r/min；直径 10 in 以下的螺旋桨转速高，约 10 000 ~ 12 000 r/min。电机转速太低将导致螺旋桨工作效率降低，太高则可能因桨尖空气压缩而无法提高螺旋桨工作效率。

窍门三：高温是电机过载的重要标志。模友可通过测量电流来判断电机负载大小，若无专门的测量仪表则可通过断电后电机的温度来判断。电机无论质量优劣，在停转后其表面温度都不会高到手指无法触碰的程度，否则表明电机已严重过载。过载会导致电机寿命缩短甚至烧毁，危及飞行安全。

3. 电机与电池的搭配

要想电机达到理想转速，电池的电压须足够。由于航模电池多由单节锂聚合物电池串联而成，因此电池组的总电压是单节电池电压（3.7 ~ 4.2 V）的整数倍。电池的选配与电机的 KV 值密切相关。一般而言，KV 值在 1 500 以上的电机较小，搭配 2S 锂电池就够了（低压电池组有助于减小动力系统重量）；KV 值在 800 ~ 1 500 范围的电机搭配 3S 锂电池，可在电池重量和输出功率之间取得一个较好的平衡；KV 值在 800 以下的电机体积和功率较大，可搭配 4S、5S 乃至 6S 锂电池（相同功率下，采用低压电池组需要更大的工作电流，线路损耗增加）。

笔者建议，在有多种方案可供选择的情况下，尽量采用电压高一些的电池组。因为在线路上损耗的功率与电流的平方成正比，所以只要提高动力系统电压，就可在总功率不变的情况下降低线路损耗，提高电机效率和飞行安全性。但在任何情况下，笔者都不建议采用 8S 以上的锂电池组。这是因为人体所能承受的安全电压为 36 V，而 8S 锂电池的满电电压大约为 33.6 V（8×4.2 V），所以 8S 以上的锂电池组在使用时非常危险。在确实需要如此大功率输出的模型飞机上，可采用多发布局，或以活塞、涡喷等内燃机作动力。

4. 电池重量与功率、续航时间的权衡

在电动模型飞机的动力系统中，由于电池的重量占动力系统总重的比例最大，对翼载荷、推重比等参数影响较大，因此它的选配需要仔细权衡。参考第一部分的内容，可知电池组的放电倍率限制了最大输出电流，即决定了动力组的最大输出功率，而其总容量则限制了航模的最长续航时间。因此可根据最大输出功率和最长续航时间来选择合适的电池。下面是笔者多年实践总结出的几条经验，供模友参考。

由模型飞机所需的最大输出功率可得出最大输出电流，从而计算得到电池的最小容量。假设待选电池的最大放电倍率为 15 C，根据动力系统所能承受的最大输出（工作）电流应小于电池组的最大放电电流的原则，可将其最大放电电流除以这个最大放电倍率，便可得到电池应具备的最小容量。如果所选电机的最大工作电流为 60 A，那么电池组的最小容量应为 4 Ah（60 A 除以 15 C）；如果待选电池能在 20 C 下安全放电（即最大放电倍率为 20 C），那么电池组的最小容量应为 3 Ah（60 A

除以 20 C）。

与真飞机相比，模型飞机所需的续航时间很短，一般 10 min 足矣。某些用于试验飞行的航模，可能只需飞行 1 min 便可。上文提到的最大放电倍率为 15 C 的电池组，如果一直保持高倍率放电，就会在 1/15 h，即 4 min 内耗尽全部电力。而因为大部分航模比赛的项目，模型完成整套飞行动作的时间也就是几分钟，所以在选配动力系统时，如无明确的任务要求，模友不要盲目追求过长的续航时间。由于使用甲醇燃料的油动练习机的续航时间一般不超过 10 min，因此笔者在推荐选配电动模型飞机动力系统时，续航时间定为 10 min。仍以最大工作电流 60 A 的电机为例，因模型起飞后大部分时间的动力都不在最大状态，可以最大工作电流的一半（30 A）计算其巡航时间。若续航时间为 10 min，那么巡航时电池的放电倍率为 6 C，所需电池的最小容量为 5 Ah（30 A 除以 6 C），即一块容量为 5 000 mAh 的航模电池就能满足续航要求。而且模型飞机的气动性能越好，巡航时的工作电流越小，电池的容量也就可以再小一些。

尽管从计算公式上看增加电池容量能提高航模的续航时间，但实际上单纯地增加电池容量并不能无限制地延长续航时间。这是因为电池容量的增加必然导致动力系统增重，进而使整机重量增加，这不仅需要增大巡航所需动力和最大工作电流，还会减小推重比、增加翼载荷，所以这样调整后不仅巡航时间提高得不明显，而且可能降低整架模型的飞行性能。在此笔者建议，如果电池容量增加后续航时间没有明显增加，或者要求 30 min 以上的续航时间，不妨在模型飞机的气动布局等方面多下功夫，如采用大展弦比机翼、做翼身融合设计等。

经过以上一系列的考虑和权衡，相信模友们都会找到一套满足航模飞行性能要求的动力系统配置方案。不过在购买动力组件前，还应观察一下待装模型飞机的细节，了解电机、电池的安装方法和位置、电路的连接方式等。

3

安装入门

第二部分为大家介绍了根据模型飞机的翼载荷和推重比配置动力组的方法。接下来将详细介绍电动动力系统各部件的安装和连接方式，以便模型爱好者可以合理地设计一套动力系统的安装方案。

（一）电动动力系统的安装原则

在设计动力系统安装方案时，爱好者必须严格遵循动力系统的安装原则。

1. 保证使用安全

正如前面多次提到的，进行航模活动时，要始终把安全放在第一位。这是因为动力系统中的电机体积虽小，功率却有几十甚至几百瓦，而其螺旋桨的转速则可能高达 10 000 r/min。不合理的安装可能造成模型飞机在地面调试或空中飞行时发生事故，轻则坠毁、器材损失，重则伤及地面人员。所以，安装时应杜绝零件脱落、剐蹭、过热起火等隐患。

2. 保证推进效率

由于电动动力系统的主要功能是将电能转换成机械能，为模型飞机提供向前飞行的动力，因此安装时应保证其推进效率。影响推进效率的重要因素，除了前文讲到的动力组件间的搭配外，还包括各部件的合理安装。在为螺旋桨选择安装位置时，应保证其前方无扰流物、后方无明显遮蔽；螺旋桨安装位置的迎风面积应尽量小，如遇钝角须采取整流措施；另外，还应兼顾电机和电调的散热。

3. 保证可维护性

动力系统是模型飞机的"心脏"，须经常检查和维护，因此要求有较好的可维护性。具体来说就是安装好的关键部件应不仅能目视检查，而且能直接用工具修理；一些重要部件损坏后可方便地维修和更换，部件间连接插头易插拔等。由于动力组占全机价格的比重较高，常常会将其更换到其他模型飞机上循环使用，因此不建议在其安装中采用"胶粘"等导致难以拆卸的连接方法。

(二) 电机的安装方式

在大多数情况下，电机的安装方式由模型飞机的结构决定，同时兼顾电机的结构、尺寸和散热要求。目前最常用到的外转子无刷电机（见图 3-1），其外露部分的形状大多是旋转体（如圆柱体），只能靠定子底面的 4 个安装孔与模型飞机连接（见图 3-2）。下面介绍几种常见的电机安装方式，为便于描述，规定电机上有转子的一端为其前端，有安装孔的一端为其后端（见图 3-3）。

图 3-1　外转子无刷电机的外观

图 3-2　外转子无刷电机的动力输出轴和安装孔

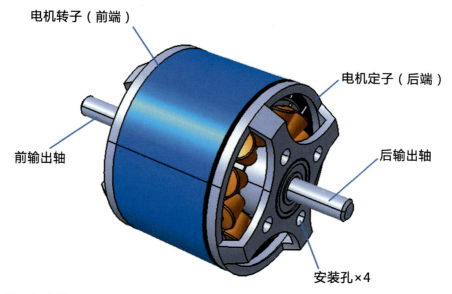

电机转子（前端）

电机定子（后端）

前输出轴

后输出轴

安装孔×4

图 3-3　外转子无刷电机的结构

1. 正向直接安装

利用 4 个安装孔，直接用螺钉将电机固定在机身前端（见图 3-4）是最简单的电机安装方法。采用这个方法，只要机身截面的面积大于电机后端即可，且易于控制模型飞机的重量。

实际安装时需要注意的问题如下：

① 安装螺钉的长度需谨慎把握（见图 3-5），过短会造成电机与模型连接不牢，过长又会因其太过深入电机损坏线圈。

② 不易做防松处理。正向直接安装的方式将导致连接无法使用防松螺母，而电机震动又可能造成紧固件松动。

可采取的防松处理有拧紧螺钉和使用螺纹紧固胶两种措施，但拧得太紧铝制的电机安装孔螺纹会因滑丝报废，而使用螺纹紧固胶又会给拆卸带来困难，电机的可维护性不好。

③ 机身的制作要求高。该连接方式要求机身孔位与电机的 4 个安装孔——对齐，否则容易因安装螺钉斜向拧入损坏电机安装孔的螺纹，这对于初学者的打孔技术是个考验。当然，如果用激光切割机等数控设备加工就不存在这个问题。某些品牌的厂商还很贴心地设计了标示孔位的不干胶贴纸，帮助使用者确定安装孔的位置。

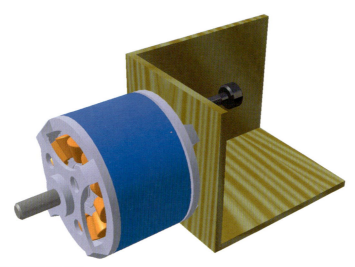

图 3-4　正向直接安装的电机

④ 由于大部分外转子无刷电机有后输出轴，因此不仅要在机身安装位置预留孔位以便后输出轴通过，还要保证其有足够的自由旋转空间。

⑤ 如果机身安装位置的制作材料是木材，则要给安装螺钉配上垫片，以增大其受力面积，防止安装孔损坏（见图3-6）。

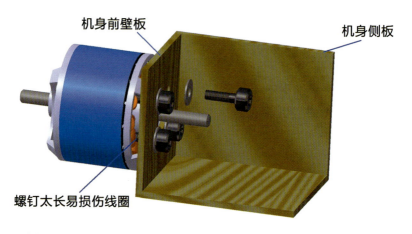

机身前壁板

机身侧板

螺钉太长易损伤线圈

图3-5　安装螺钉的长度需谨慎把握

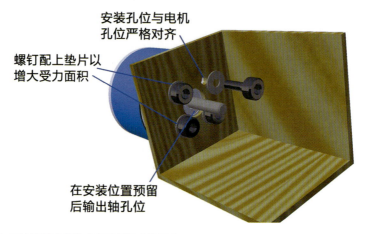

安装孔位与电机孔位严格对齐

螺钉配上垫片以增大受力面积

在安装位置预留后输出轴孔位

图3-6　正向直接安装的电机及须注意的要点

2. 反向直接安装

因为大部分外转子无刷电机有后输出轴，所以可将电机反向安装在机身内部，让后输出轴伸出与螺旋桨连接。采用这种方法，电机能时刻处于机身的保护中，而且整架模型飞机外观更简洁、减阻效果更好。

与正向直接安装方式一样，采用该方式也需注意螺钉长度、防松处理、开孔位置等。此外，由于电机装在机身内部，因此不仅要防止其与其他部件刮蹭、缠绕，还要考虑散热问题，必要时需在迎风方向增加散热口以便空气流通（见图 3-7）。

反向直接安装的关键是电机后输出轴的伸出长度必须足够长（见图 3-8）。如果后输出轴太短或机身前壁板太厚（还得考虑安装螺钉占用的厚度），可能导致轴伸出长度不足以保证螺旋桨的可靠安装，这时应考虑其他安装方式。

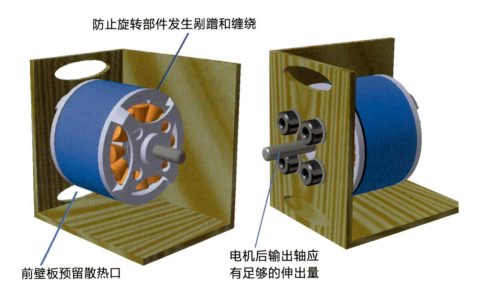

图 3-7 反向直接安装的电机及安装要点   图 3-8 电机反向直接安装的关键

3. 正向转接板安装

鉴于直接安装方式在操作上的诸多不便，许多电机在销售时搭配了转接板，方便用户安装。转接板（见图3-9）通常呈"十"字形，用硬质铝板制作。小电机的转接板厚度为1.5～3 mm，大电机的转接板厚度为3～5 mm。由于转接板有一定厚度，因此使用时电机一般不会采用反向安装（见图3-10、图3-11）。

转接板不仅在中心处预留了电机后输出轴孔位，还在电机的安装孔位打好了沉孔，能精确地与电机连接（见图3-12）。随电机附赠的沉头螺钉，其长度不仅保证了连接牢固还不会损伤电机内部线圈，同时沉头的设计可使转接板紧贴机身安装。只要压紧沉头螺钉，即便不使用螺纹紧固胶，螺钉也不会松脱（见图3-13）。

这种转接板的优点是其上没有螺纹孔，可反复拆装；对螺钉长度要求也不那么苛刻，还可使用防松螺母。缺点是机身需具有较大的安装面积，可能增加模型飞机的迎风阻力。

图3-9 "十"字形电机转接板

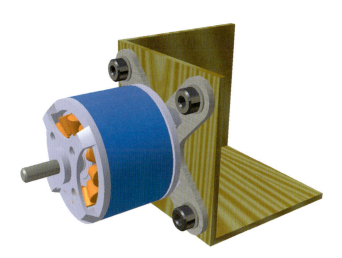

图 3-10　电机转接板安装完成示意图

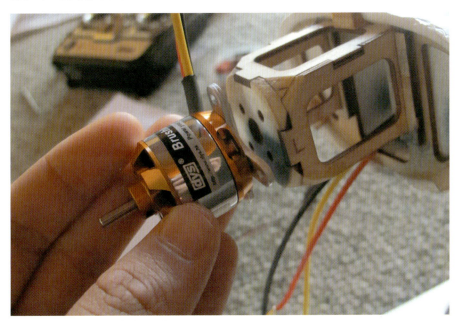

图 3-11　电机转接板安装实际操作

图 3-12　转接板与机身连接处

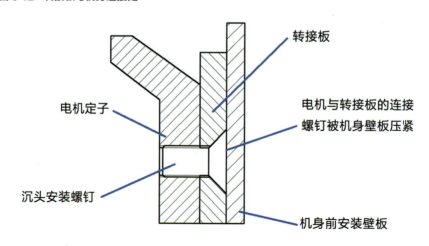

图 3-13　转接板与机身连接处剖视图

4. 专用电机架安装

机型较大的模型飞机，尤其是那些原本设计安装燃油活塞发动机的模型，其动力源的预定安装位置一般隐藏在整流罩中。因为电机的体积相对活塞发动机来说较小，所以需要将安装位置前移以使输出轴伸出整流罩。改造时不必改变机身结构，增加一个专用电机架即可。

常见的电机架由 4 根较粗的硬铝支柱和两个"十"字形的转接板（见图 3-14、图 3-15）组成。其中一个转接板用于安装电机，另一个用于连接机身。某些厂家的电机架有多种长度规格，模友可根据实际情况选用。

电机在专用安装架上既可正向安装（见图 3-16），也可反向安装（见图 3-17）。若反向安装，电机将处于安装架的保护范围内，遇到意外时可减小损伤。不过专用电机架虽然强度高、使用灵活，但带来的结构增重较大，一般仅适用于油动模型改装电动动力的情况。小型模型因电机的设计重量较轻，不宜使用此类结构的安装架。

图 3-14　电机架的"十"字形转接板

图 3-15 专用电机安装架实物

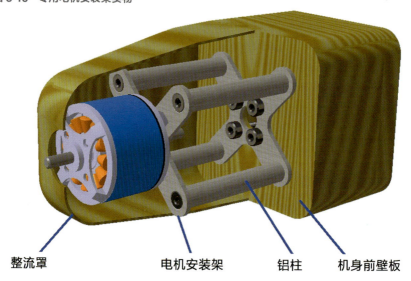

整流罩　　　　　　　　电机安装架　　　　铝柱　　　机身前壁板

图 3-16 专用电机架正向安装

图 3-17　专用电机架反向安装

（三）电机和螺旋桨的连接方式

　　由于从电机输出的功率几乎要全部传给螺旋桨，因此电机与螺旋桨的连接必须可靠、不松动。同时，二者的连接还要满足震动小、拆装方便等要求。常用的连接方式包括螺旋桨保护器、桨夹和螺旋桨安装座。

1. 螺旋桨保护器

　　螺旋桨保护器多在入门级模型飞机上使用，电机和螺旋桨为柔性连接。该结构不仅能在正常飞行时可靠连接电机和螺旋桨，还能在模型飞机意外坠毁或撞击时保证螺旋桨及时从电机轴上脱落，从而在保护电机与螺旋桨的同时减少了地面人员及物品可能受到的伤害。

　　螺旋桨保护器结构简单，由 3 部分组成（见图 3-18）：铝合金桨座、2 颗固定桨座的螺钉和绑紧螺旋桨的"O"

形圈。保护器的作用方式（见图3-19）是：桨座两侧对称分布2个螺纹孔，使用时先将2颗螺钉拧入这2个螺纹孔以顶住电机轴，然后将"O"形圈横跨螺旋桨钩住螺钉，从而将螺旋桨紧压在桨座上。如果螺旋桨在工作时碰到异物，"O"形圈就会滑脱或断裂，从而实现螺旋桨与电机的分离。

螺旋桨保护器非常适合初学者在入门级模型飞机上使用。由于这类模型体积小、重量轻，其电机和螺旋桨相对小巧，因此该结构足以保证连接强度。因

为这类航模通常由初学者在较小场地操纵飞行，所以发生撞树或粗暴着陆的概率较大，而螺旋桨保护器能减少器材损耗并起到一定的保护作用。

该保护器常用在电机直径为18 mm或22 mm的模型飞机上。因为"O"形圈的弹力和强度有限，无法承受更大电机输出轴上的扭矩，所以螺旋桨保护器无法用在更大级别的模型飞机上。对于非入门级模型飞机来说，其电机和螺旋桨的连接需使用桨夹和螺旋桨安装座两种连接方式。

图 3-18　螺旋桨保护器零件　　　图 3-19　螺旋桨保护器的作用方式

2. 桨 夹

桨夹是在中级别模型飞机上用得最多的电机和螺旋桨连接器件，它由4部分组成：锥形轴、压紧衬套、垫片和固定螺母（见图3-20、图3-21）。锥形轴的前半部分有螺纹，螺纹直径与螺旋桨安装孔一致；后半部分呈锥形，内孔直径与电机轴相同，且沿内孔有"十"字形切槽。压紧衬套的内孔也呈锥形，其锥度与锥形轴一致（见图3-22、图3-23）。

对于大型电机和螺旋桨的连接，为了保证强度，桨夹的直径必须很大，且使用较硬的材料制作，这样就很难保证锥形轴的"十"字形切槽在变形后不断裂。大型电机的输出功率高达上千瓦，拉力达数牛，在这种情况下桨夹会出现打滑甚至松脱事故，因此须使用螺旋桨安装座。

图 3-20 螺旋桨、垫片以及安装了固定螺母、压紧衬套和锥形轴的电机

图 3-21　桨夹零件:从左至右依次为固定螺母、压紧衬套、锥形轴

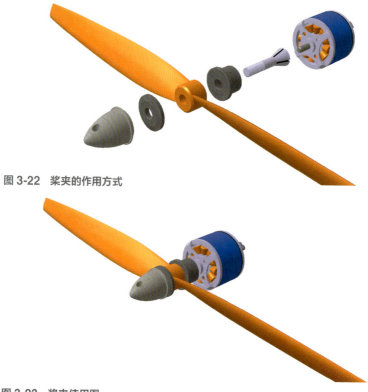

图 3-22　桨夹的作用方式

图 3-23　桨夹使用图

3. 螺旋桨安装座

与桨夹相比，螺旋桨安装座（见图 3-24）的结构较为简单。安装座可通过 3 ～ 4 枚螺钉直接与电机的转子连接，无须依靠"十"字形切槽夹紧电机轴。螺旋桨则通过固定螺母直接紧压在安装座上（见图 3-25）。大多数功率较大的电机都可采用这种方式与螺旋桨连接。然而，这种传力方式虽然比较合理，却需在电机的转子上留有安装用的螺纹孔，且电机主轴不得伸出电机前端。因为许多电机在设计阶段考虑了使用螺旋桨安装座连接其与螺旋桨的情况，没有设计前端输出轴而是搭配安装座出售（见图 3-26），所以模友要在选购时需特别注意。

桨夹与螺旋桨安装座都通过固定螺母和垫片来固定螺旋桨。其中的固定螺母可以是普通螺母，也可以是带整流外形的螺母。在安装时，这类螺母无法使用扳手或套筒紧固，而是通过在横向通孔中插入改锥或类似杆状物拧紧。有些螺母的相关表面加工有斜纹或网纹，以增加其与螺旋桨间的摩擦力。

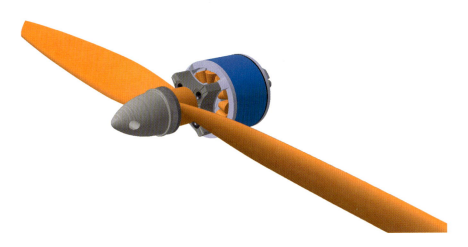

图 3-24　螺旋桨安装座使用图

图 3-25 螺旋桨安装座的作用方式

图 3-26 螺旋桨安装座实物

4. 电机和螺旋桨安装小结

总的来说，直径较小的电机，可采用正向直接安装方式，或转接板安装方式，并通过螺旋桨保护器与螺旋桨连接。直径中等的电机，如果模型飞机的机身足够宽且后端输出轴足够长，可采用反向安装并通过桨夹与螺旋桨连接；如果只能正向安装，则尽量搭配转接板并通过桨夹与螺旋桨连接。有些直径中等或偏大的电机，如果无前端输出轴且随机配件里有螺旋桨安装座，应优先使用正向安装，并用原装螺旋桨安装座与螺旋桨连接，通过转接板或专用电机架安装在机身上。

关于电机和螺旋桨的连接，还有一点想提醒模友。在油动模型飞机上，如果是"尾推式"动力布置，需要用到"反桨"，即桨叶反方向转动的螺旋桨，这是因为燃油活塞式发动机不能反转。而在电动模型飞机上，"反桨"不再必须使用。因为电机只要调换线序就能反转，所以使用普通桨叶也能为"尾推式"模型飞机提供动力（见图 3-27）。不过电机在反转时，螺旋桨的固定螺母会越转越松，因此一定要在每次飞行前检查螺旋桨的固定螺母，如有松动及时拧紧。在此笔者建议，在为"尾推式"动力布置的模型飞机选配动力组部件时，最好采用反桨，或者制作一个左旋螺纹（反扣）的螺旋桨安装座。

图 3-27 "尾推式"电动模型飞机可使用普通桨叶

（四）电池的固定

航模用电池多为锂聚合物电池，其优点是重量轻、容量大、放电倍率大，且易制成各种形状。但缺点也不少，如外皮较软、较薄，其内部的化学物质不稳定且有毒性。在发生意外时，如果模型飞机的电池因撞击等原因造成挤压变形或破损，无疑十分危险。因此在固定电池时，要格外注意。

固定锂聚合物电池遵循的原则为：

① 注意保护，防止摩擦和挤压。

② 不得使其局部受力。

③ 注意散热。

基于这些原则，电池应固定在独立的空间内，与运动、发热的部件（如电机、电调等）保持距离，而且其周围不应有影响散热的减震材料，不应有突出物、尖锐物，以防挤伤、刺破电池。

固定电池时，尤其注意不要让其局部受力。电池在局部受力挤压后可能会有内部损伤，导致其短路、鼓包。很多模友习惯使用尼龙扎带（见图 3-28）捆扎固定电池，其实效果并不好。因为这类扎带外表光滑，需要用力勒紧才能固定好电池，而且纤细的扎带在勒紧时易在电池上留下勒痕致使局部受力。不仅如此，尼龙扎带为一次性固定件（见图 3-29），拆卸电池时需用工具剪断，在紧急情况下很难徒手松开，耽误险情的及时处置。而且剪断时如操作不当，还很容易损伤电池表面，造成安全隐患。如果实在要用，应在勒紧处垫东西以防电池局部受力过大。

笔者推荐使用尼龙搭扣（俗称"魔术贴"）来固定电池。它分为毛面和刺面（见图 3-30），二者接触时，刺面密集的短刺会钩住毛面的细微绒毛从而起到固定作用，拆卸时直接撕开即可。尼龙搭扣可反复使用，十分方便。

尼龙搭扣有两种：一种是使用带背胶的尼龙搭扣（见图 3-31），或者一面加了双面胶的普通尼龙搭扣（见图 3-32），可将它们分别粘在电池和其要固定的地方；另一种是正反两面分别为毛面和刺面的尼龙绑带（见图 3-33），可将它们捆绑固定在电池的合适位置。两种尼龙搭扣都有市售的成品（见图 3-34、图 3-35），也可去裁缝店购买普通服装用的尼龙搭扣，自己裁剪成合适的尺寸（见图 3-36、图 3-37）。

图 3-28　形式多样的尼龙扎带

图 3-29   一次性尼龙扎带，多用于线缆的固定

图 3-30 包含毛面和刺面的尼龙搭扣

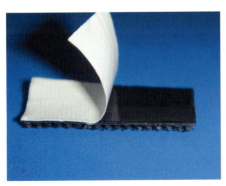

图 3-31 带背胶的尼龙搭扣

图 3-32 用双面胶自制带背胶的尼龙搭扣

图 3-33　尼龙搭扣绑带

图 3-34　种类丰富的尼龙搭扣产品

图 3-35　市售的尼龙搭扣

图 3-36　自制尼龙绑带

图 3-37　按需要裁剪成合适尺寸的尼龙搭扣

（五）电机、电调、电池的电路连接

电动模型飞机动力系统电路的连接方式主要是使用大电流插头。一般而言，除了小型室内航模，或已确定不会更换和拆卸的模型飞机，一般不采用直接焊接导线的方式进行电路连接。

模型飞机上可能用到的插头多达十余种，《航空模型》杂志曾有文章专门介绍各类大电流航模插头，有兴趣的读者可以查阅过刊，笔者不再赘述。这里主要介绍电动模型飞机动力系统中用得最多的两种连接插头——"香蕉"插头和"T"形插头，常用的硅胶导线以及插头与导线的焊接方法。

1."香蕉"插头

"香蕉"插头（见图3-38）也被称为"金手指"，因其由高纯度铜材制成，且表面常常镀金、看上去金光闪闪而得名。从理论上说，导电性最好的三种金属依次是银、铜、金。但纯银易与空气中的硫化氢发生反应，导致插头表面发黑，失去银白色的光泽。金的化学性质则十分稳定。故"香蕉"插头采用了在纯铜上镀金的工艺，能保证大电流下电路的可靠连接。

"香蕉"插头的优点是连接可靠、易于插拔，多用于电机与电调的连接。通常在电机端使用公头，电调端使用母头（见图3-39）。建议在插头的外皮上

图 3-38 镀金"香蕉"插头

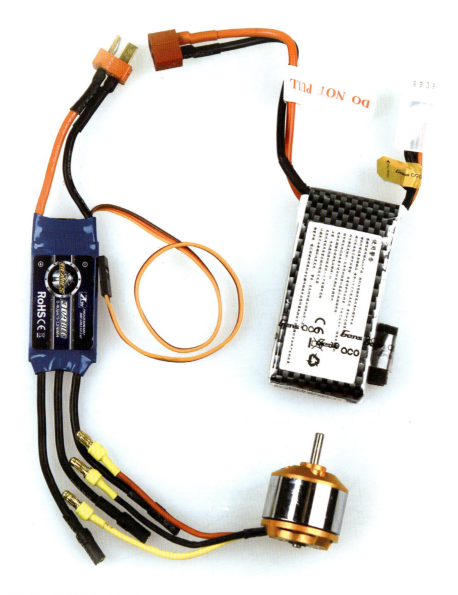

图 3-39　用"香蕉"插头母头连接电机，"T"形插头连接电池的电调

图3-40 用不同颜色的热缩套管区分导线用途

包裹不同颜色的热缩套管以便区分（见图3-40）。

航模用"香蕉"插头有两种常用规格：直径3.5 mm和直径4.0 mm。前者多用于中小型电机，后者多用于较大型电机。在超小型模型飞机上，有时为减重也会用到直径2.0 mm甚至1.5 mm的"香蕉"插头。

2. "T"形插头

"T"形插头（见图3-41）多用于电池组与电调的连接。通常在电池端使用母头，电调端使用公头。因为有防插反功能，所以"T"形插头的安全性较高。"T"形插头的焊接点须用热缩套管做绝缘保护，一般横向接口接正极，纵向接口接负极，做工不好的插头较难插拔。

图3-41 "T"形插头

3. 硅胶导线

日常生活电路中导线的最大可承受电流都不大，如普通家用照明导线的最大可承受电流是 10 A，大功率家电（空调等）专用导线的最大可承受电流是 20 ~ 30 A。若电路中的电流超过了最大可承受电流，则导线会发热乃至发生线皮起火事故。而由于电动模型飞机动力系统电路中的电流动辄 80 ~ 100 A，因此连接线绝不能采用普通导线。

现在航模上多使用硅胶导线（见图 3-42）。这类导线的特点是：外皮采用硅胶材质，耐高温、质地柔软；芯线采用无氧纯铜制作，外表镀银，电阻率极小；执行美国线规（AWG）标准，芯线单股细、股数多，填充率和截面积都有保证。

在挑选 AWG 标准导线时，模友要注意导线上的标号，标号的特点是数字越小、线径越大。航模中常用的规格有 16 AWG 或 18 AWG，可搭配直径 2.0 mm 或 3.5 mm 的"香蕉"插头，其最大可承受电流是 25 A。标号 14 AWG 的导线比较常见，可搭配直

图 3-42　硅胶导线执行 AWG 规范，安全性较好

径 3.5 mm 的"香蕉"插头，其最大可承受电流是 60 A。标号 12 AWG 的导线可搭配直径 4.0 mm 的"香蕉"插头，其最大可承受电流 80 ~ 100 A。如果动力系统的最大电流超过 100 A，可能需要用到标号 10 AWG 的导线，并相应地搭配更粗的插头。

4. "香蕉"插头的焊接

插头虽小，却会影响整个动力系统的运行质量，因此插头的焊接质量十分关键。很多模友都很头疼大电流插头的焊接问题，笔者这里介绍一些技巧。

焊接"香蕉"头前，先应解决固定焊接件的问题（见图 3-43）。因为铜质"香蕉"头的导热性好，所以在整个焊接过程中它的温度非常高，无法用手触碰。如果使用钳子固定"香蕉"头，金属钳子不仅易损坏插头的镀金层，而且会带走一部分热量，不利于焊锡融化。笔者常用一块表面打孔的木板（平时打孔用的垫木），在其上选择一个已有的孔或重新打孔，并把"香蕉"头固定在其中。

如果"香蕉"头的直径为 3.5 mm，焊接公头的孔径应在 3 mm 左右，焊接母头的孔径则在 3.5 mm 左右，深度为 8 ~ 10 mm 即可。焊接的具体步骤如下：

① 将插头塞进木板的孔里，确保其不会晃动但可用镊子轻易拔出，并应露出侧面的焊接辅助孔（见图 3-44）。

② 先在待焊接的导线上预先套好热缩套管，然后用裁纸刀小心切开长约 3 mm 的硅胶外皮（见图 3-45）。切时动作一定要轻，因为导线的硅胶外皮很软，稍不注意，一部分线芯就可能被切断。如果使用调温烙铁，建议将温度控制在 300 ~ 350 ℃ 范围内；如果使用普通烙铁，建议使用功率为 40 ~ 60 W。烙铁尖一定要在清洁后上好锡，这样融化的焊锡才能够将烙铁的热量快速传给"香蕉"头（见图 3-46）；若不上锡的话，则会因烙铁尖接触面积过小，导致"香蕉"头加热慢。

③ 焊接时一般右手持烙铁，左手持焊锡丝。在焊锡丝上沾一点助焊剂或松香，一边旋转导线，一边给待焊导线上锡（见图 3-47）。这里注意，上锡要彻底且适度，以焊锡正好浸润所有芯线为宜（见图 3-48），过多会因导线头过大插不进"香蕉"头（见图 3-49）。没经验的模友上好锡后可

图 3-43　专用的焊接支架

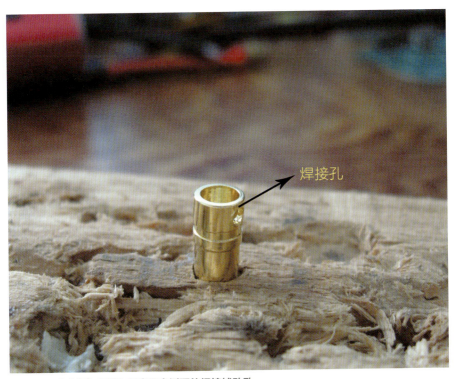

图 3-44　"香蕉"头插入后应露出侧面的焊接辅助孔

图 3-45　小心切开长约 3mm 的导线皮

图 3-46　烙铁可以旧，但其尖部必须能良好地上锡

图 3-47　在焊丝上沾点助焊剂，一边旋转导线，一边给待焊导线上锡

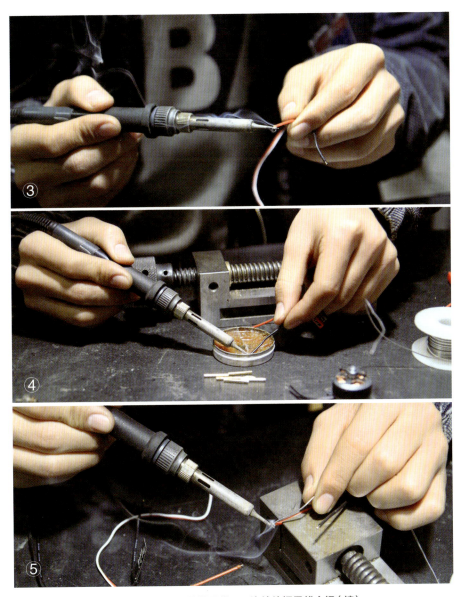

图 3-47 在焊丝上沾点助焊剂，一边旋转导线，一边给待焊导线上锡（续）

图 3-48　线头上的锡以正好浸润芯线为宜

图 3-49　锡焊过量会导致导线插不进"香蕉"头的焊孔

以试一下，确保导线头能插进"香蕉"头的焊接孔。上锡时还应注意不要把导线的芯线弄散。

　④ 再在焊锡丝上沾一点助焊剂或松香，让烙铁头从"香蕉"头侧面的小孔进入，焊锡丝伸入其焊接孔内，待融化的焊锡填满焊接孔体积的 1/2 即可撤走焊锡丝（见图 3-50、图 3-51）。

图 3-50　焊接时烙铁尖从侧面小孔进行加热

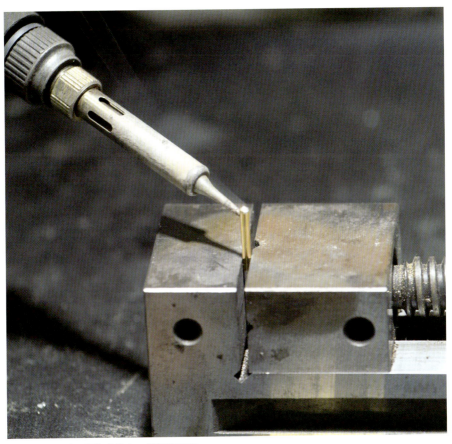

图 3-51　向"香蕉"头注入一半焊锡即可

⑤ 撤走焊锡丝后，先保持右手的烙铁位置不动以使焊接孔内的焊锡始终处于融化状态。然后左手拿起待焊导线，并将其垂直插入焊接孔内，轻微转动导线以使导线头上的焊锡与"香蕉"头焊接孔内的焊锡融为一体（见图 3-52）。接着撤走烙铁，保持左手位置不动。

⑥ 焊接孔内的焊锡冷却后，可将预先套上的热缩套管调整到合适位置并用打火机收缩封好，"香蕉"头的焊接就完成了（见图 3-53 ~图 3-56）。

图 3-52　保持焊锡温度，将导线插入"香蕉"头焊孔

图 3-53　焊接好"香蕉"头后静待焊锡凝固

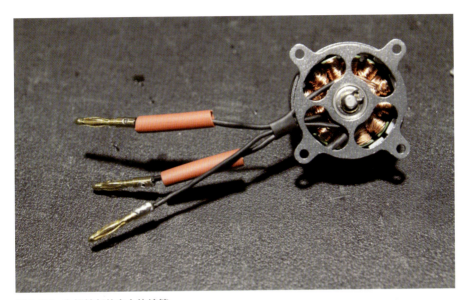

图 3-54　在焊接部位套上热缩管

图 3-55　用火焰加热热缩管

图 3-56　套好热缩套管后焊接完成

5."T"形插头的焊接

"T"形插头的焊接较为简单，步骤与"香蕉"头的焊接类似，不过焊接件可用钳子和橡皮筋固定。在做大电流插头的焊接时，模友还需注意以下几点：

① 焊锡质量要好，以易于融化、杂质少的为宜。

② 焊接中须使用助焊剂或松香，防止金属表面氧化。

③ 由于大电流插头的焊点较大，冷却凝固时间长达数秒，因此在烙铁撤走后不要急于松手，而应继续保持固定件和持线手的稳定（见图 3-57）。如果觉得太烫，可预先带好手套。

④ 在凝固过程中，如果焊锡表面变灰暗、有孔洞，说明其内部可能存在虚焊（见图 3-58），需重新焊一次。正常的焊点，其焊锡光亮、浸润良好、无毛刺孔洞。

⑤ 助焊剂最好要使用松香（见图 3-59）。如果使用酸性助焊剂，在收紧热缩套管前，最好先用酒精擦掉多余的助焊剂，防止其腐蚀导线和插头（见图 3-60、图 3-61）。

图 3-57　焊锡冷却前持线的手要保持稳定

图 3-58 焊锡不足易导致虚焊

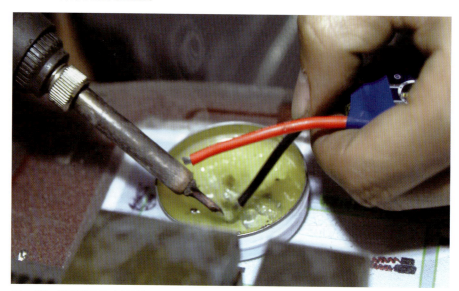

图 3-59 推荐使用无腐蚀性的天然松香作助焊剂

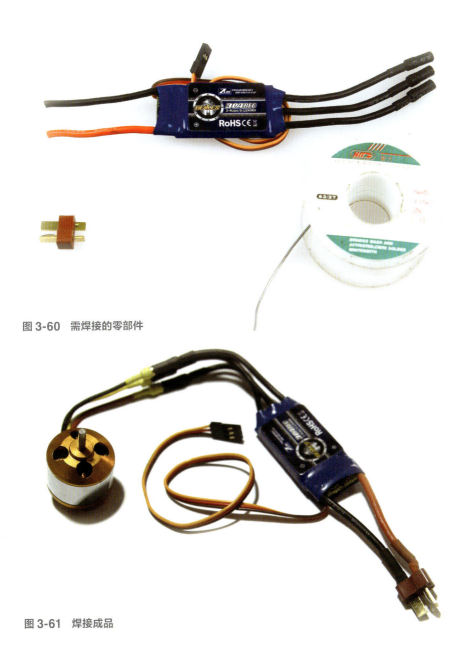

图 3-60　需焊接的零部件

图 3-61　焊接成品

选购指南

前几部分笔者分别从初步认识、选配原则、安装入门的角度依次介绍了电动模型飞机动力系统的部件构成、性能参数、配置原则、安装方法等知识。模友在了解这些知识后，就要挑战最实际、也是最关键的任务——动力系统器材的实际选购。

如今电动模型飞机的普及度非常高，可供选择的动力系统器材琳琅满目，着实容易让人挑花眼。在选购时，模友们一方面要货比三家，综合比较其设计、选材和工艺，另一方面要结合自身实际需要，权衡考虑器材价格和自己的经济承受能力。

经过多年发展，电动模型飞机器材与其他商品一样，也涌现了一批业界知名度高、口碑好的生产厂家。选择知名度高，得到诸多模友认可的大品牌，无疑可从一定程度上保证产品质量。下面笔者根据自己的经验，并结合各方面搜集整理的资料，介绍一些电动模型飞机动力系统器材的品牌，供大家在选购时参考。

（一）无刷电机

1. 品牌简介

（1）AXI

来自瑞典精工的 AXI 无刷电机（见图 4-1 和图 4-2）是航模电机的高端产品，具备高转速、大扭力、低发热、长寿命等特点。在外观尺寸相同的情况下，其性能参数比国内电机高出许多。

常用于航模的 AXI 电机主要有 2826、4120、4130 等型号。这里以 AXI 4120/18 为例，官方公布的基本参数如表 4-1 所列。

表 4-1　官方公布的 AXI 4120/18 基本参数

型　号	AXI 4120/18
KV 值	515
工作电压 /V	锂电池（5～7）×3.7
最大电流 /A	77
工作电流 /A	＞ 55
电机重量 /g	205
电机轴径 /mm	5
最大拉力 /kg	4.3
螺旋桨	APC 14×8E
专用附件	电机安装座 ×1； 电机安装座螺丝 ×4； 专用前置桨夹 ×1； 前置桨夹安装螺丝 ×3； "香蕉"连接头 ×3

图 4-1　AXI 无刷电机

图 4-2　装上专用附件的 AXI 无刷电机

从表 4-1 不难看出，AXI 4120/18 的峰值功率接近 1 500 W，动力输出可谓生猛，属于"怪物级"无刷电机。这些特性源于厂家对电机用料的考究：采用超薄硅钢片制作电机定子，使磁损降到最低；结合超低内阻的无氧铜漆包线，使 AXI 电机的内阻很小，发热也很少。这样在满功率输出时不会产生很高的温度，降低了电机烧毁、损坏的可能性。如果将其用作 50 级固定翼特技电动模型飞机的动力，那么以峰值拉力 4.3 kg 计算，重约 2.2 ~ 2.3 kg 的 50 级 F3A 的推重比将接近 2，可体验畅快无比的花式飞行。

因购买渠道少、价格昂贵，国内模友很少有机会使用 AXI 电机。笔者有幸参与过对 AXI 电机的测试，其实际使用性能给笔者留下了深刻印象。一个 AXI 4120/18，搭配 6S/4 400 mAh 的锂聚合物电池、16 ~ 18 in 的电动桨，能够持续输出超过 4.5 kg 的拉力；通过更换电池，能保证连续多次飞行且不会发热烧毁。甚至在一次极限测试中，一个 AXI 2826，搭配内齿轮减速器，短时间竟达到接近 6 kg 的拉力，

大大超出了官方提供的使用范围，把同级别的其他电机远远抛在后面。但由于这个电机在随后更极端的测试中烧毁，因此建议模友在飞行中不要超出设备标称的使用范围。

对广大模友来说，AXI 电机虽然性能卓越，但是并不适合用在休闲类模型飞机上，首当其冲的因素是价格昂贵。经查阅，AXI 4120/18 无刷电机在 hobby-lobby 网站销售价格为 155 美元，在国内淘宝网 AXI 4120 系列的销售价格为人民币 1 200 ~ 1 400 元，AXI 2826 系列为人民币 800 ~ 900 元，真可谓天价。而且电机的专用附件也不会赠送，其专用的桨夹和连接件都需单独购买。也许这就是所谓的"一分价钱一分货"吧。

价格高昂是一个重要因素，AXI 电机在国内购买渠道少，售后服务无法保障，更换维修困难等更是模友们不得不考虑的客观障碍。所以笔者建议，除非打算用于参加重大赛事或无人机研制这类"不差钱"的项目，普通模友尤其是尚处于入门阶段的模友，不要将宝贵资金花费在盲目追捧这类高端器材上。

（2）Hacker（骇客）

Hacker 源自一家德国企业，其产品性能十分优秀，在国际各大顶尖赛事优胜者所使用的参赛机上常常能见到其身影（见图 4-3）。该品牌的官网地址为：www.hacker-motor.com，可惜不提供中文页面。有兴趣的读者可借助在线翻译进一步了解这个品牌的电机。

与 AXI 一样，Hacker 电机在国内购买渠道很少，售后服务更无从谈起。模友通常只能以从香港或国外代购的方式获得，供货周期比较长。特别提醒一点，市场上有国内代工、甚至仿制的产品，模友一定要注意区分。如图 4-4 所示为山寨版 Hacker 电机，虽然外观与原品几乎一模一样，但拆开后可见其定子硅钢铁芯已经生锈。

相比国外高端品牌的遥不可及，国

图 4-3　Hacker 电机

图 4-4　山寨版 Hacker 电机的定子硅钢铁芯已生锈

内品牌就"亲民"得多了。其实很多国内生产厂家在长期为国际品牌代工的过程中，已经逐渐积累了自己的技术体系，推出并发展了自己的高端电机品牌。这些品牌电机尽管在性能指标上仍与国际知名品牌有些许差距，但相较于小作坊、小工厂的山寨产品，其性能指标已有了长足的进步，质量和可靠性得到大幅提高，外观包装、售后服务等方面也逐渐向国际品牌看齐。模友们大可放心地挑选购买这些国货。

（3）天蝎星（Scorpion）

生产天蝎星电机的企业全名为天蝎星精密工业（香港）有限公司，其官方网址为：www.scorpionsystem.com。根据官网介绍，企业创办于1987 年，最初只生产为竞赛型运动机配备的高性能电热塞（俗称"热火头"）。因为其产品在欧美市场广受好评，所以企业扩展到其他制造加工领域。不过企业创办者 Georges 是一名狂热的 RC 航模爱好者，一直坚持参加各类航模飞行和竞赛。随着航模技术的发展，电动动力系统越来越流行，Georges 也对电动模型飞机产生了浓厚的兴趣。当时由于电动动力系统的技术不是很成熟，因此在竞赛中经常发生电机、电调等部件烧毁的事故。看到了这一点，Georges 当即舍弃了一部分产业组建了自己的团队，专门研制"不会烧毁的电机和电调"。经过几年的开发和测试，最终研制出天蝎星无刷电机（见图 4-5）和电子调速器。

现在天蝎星不仅限于生产竞赛器材，其产品线已扩展到所有的航模产品，通过了 ISO 9001 认证并致力于 ROHS（减少电子设备中的有害物质）。笔者用过天蝎星的产品，发现其用料

图 4-5　天蝎星电机

和做工非常精细（见图4-6），性能也十分了得，但价格不便宜。以适用于多旋翼飞行器的天蝎星SCORPION 4010 KV360 6S盘式电机为例，其网上销售价格在人民币800元左右。不过相对于国外的高端品牌，天蝎星的优势是易于购买，可在各大网络购物平台和城市的航模店找到它。更重要的是，天蝎星承诺对于电机材料和工艺方面的缺陷，提供2年质保，以免除模友的后顾之忧，这也足见天蝎星对产品质量的信心。

（4）双天（Dualsky）

生产双天电机的企业全名是上海双天模型有限公司，其官方网址为：www.dualsky.com/cn。公司成立于2004年初，主要从事RC模型用无刷电动系统的研发、生产和销售，为各类电动模型提供优质、高性价比的动力解决方案。其产品线包括：Xmotor无刷外转子、Xcontroller无刷变频调速器、Xpower高倍率锂电池以及各种配件。凭借着稳定的质量和高性能，双天产品获得了国内外模友的好评。

图4-6　天蝎星产品的精致外观和包装

笔者用过的双天电机不少，原因是它的性能不错、价格相对实惠、产品线非常丰富（见图4-7）。双天电机在用料和做工方面，属于国产品牌的中上水平。在选购时，模友可通过其外观是否以银色加黑色为主色调来辨认（见图4-8），另外多数双天电机会在转子上贴商标。

选择双天的另一个原因是，其对待产品的态度严谨、服务流程比较透明、客户服务较为高效。与前面介绍的几个品牌不同，双天的目标用户是已有一定飞行经验但不追求极致高端器材的模友。为了提供更好的使用体验，双天的一大特色是易于选型。除了像所有电机厂商一样以表格形式提供详细的测试数据和配型建议外，双天还专门开发了针对双天动力系统的选型软件（见图4-9）。

与以往常见的"螺旋桨拉力计算器"、"旋翼升力计算器"等采用理论近似方法计算的软件不同，双天动力系统选型软件提供丰富的实测数据查询。模友只需在软件中输入动力系统配置方案，就能知道厂家对这种搭配进行实际测试时的性能参数。如果设计方案不合理，如温度过高可能烧毁电机，软件会提出警告（见图4-10）。这样一来，不仅降低了实际测试的风险，减小了模友的工作量，还提高了装机的成功率。当然，软件中的数据都是厂家在实验室状态下测得的，实际使用中尚存在更多的不确定因素，如电池电压下降、气温较高、机身散热不良等。所以模友应在参考软件结果的同时，结合实际情况做出合理判断。

图4-7 双天电机产品线非常丰富

图 4-8　双天电机的外观通常以银色加黑色为主色调

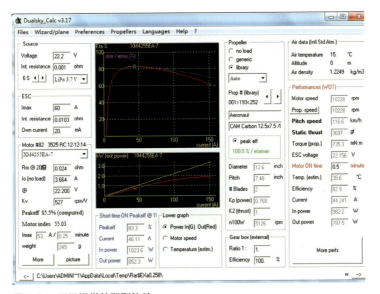

图4-9　双天提供的配型软件

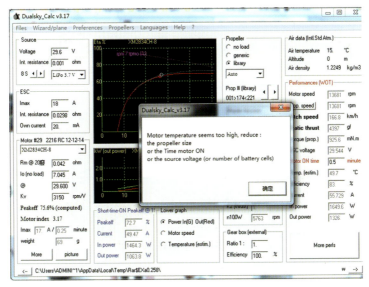

图4-10　配型软件会对不合适的搭配进行报警

（5）兴耀华

兴耀华创办于 2004 年，是从事专业运动航模行业发展的综合企业集团，涉及的模型类产品涵盖竞技类车模、模型直升机、固定翼模型飞机的整机和零配件生产制造以及无线电遥控设备研发和制造，其官方网址为：www.xingyaohua.com。这里仅介绍其电机产品。

兴耀华的企业定位是生产普及型航模器材，目标用户是包括入门级在内的更大众化的模友。其电机的产品线覆盖固定翼模型飞机用无刷电机、模型直升机用无刷电机、车模用内转子电机、水冷电机等，从迷你型直径为 18 mm 系列的到直径为 63 mm 系列的都有（见图 4-11）。

因为兴耀华对产品的定位是普及型器材，所以在成本和性能之间进行了较好的权衡，产品价格较为低廉。如常用的 N2826、N2830（对应定子直径 22 mm）等，价格区间为人民币 60 ~ 100 元，中型的 N2835（对应 2826）价格区间为人民币 120 ~ 150 元，直径更大的 N6364 价格在人民币 600 元左右。

图 4-11　兴耀华电机

兴耀华电机的外观特点是铝构件做了紫红色阳极化处理。结构设计合理，在选材和加工精度上不追求极致，外观和细节不奢华，性能平平但能满足基本的飞行应用是兴耀华电机的几大特点。对于性能要求不苛刻的航模，装备这样档次的电机比较实惠。

（6）新西达（XXD）

虽然常常听到新西达这个品牌，但笔者一时在互联网上既查不到厂家地址也查不到官方网站，不过几乎每个大型航模爱好者网站上都有其论坛版块。在网购盛行的今天，模友可在淘宝等电商平台上轻易找到新西达电机。相比于前面5个品牌，新西达电机的最大优势是便宜、实惠。常用的小电机如2208、2212往往只需几十元就可买到；为一架起飞重量700～800 g的模型配置好动力系统仅需人民币200～300元（见图4-12）。

新西达的产品线包括轻小型的外转子无刷电机及对应的电调，可用在入门级、休闲类的小型模型飞机上。简易但实用的设计、强度适中的用料、普通的加工工艺和精度，使得新西达的成本得到了很好的控制。所以虽然电机的性能平平、拉力刚刚够飞、不小心磕碰就可能会偏心或断轴、桨用大了还会烧坏电机，但新西达的优势非常明显：既能满足入门级航模的动力需求，而且其低廉的价格又能让普通爱好者能承受初学时的频繁炸机（见图4-13）。几十元的电机甚至不需要考虑维修，损坏更换即可，也省去了返修问题的困扰。这些优势使得新西达电机拥有庞大的用户群。

这也正是很多国产小品牌的特点（见图4-14）：这类品牌甚至不需要建立独立的企业来运作，仅需通过几家普通机械厂代工的方式来合作生产即可，既降低了运营成本又保证了产量。这就是很多随处可见的产品查不到厂家地址和官方网站的原因。如果不考虑那些连商标都没有的山寨产品，这些低成本的小品牌也许是模友能买到的最便宜的电机了。

除了上面提到的品牌，常见的电机品牌还有朗宇、银燕（见图4-15）等。从网上的评价来看，银燕、朗宇出品的电机，产品可靠性均高于新西达。其中朗宇的价格几乎是新西达的2倍，银燕的价格比朗宇的还高。不过笔者没有亲自使用过，这里就不一一介绍了。

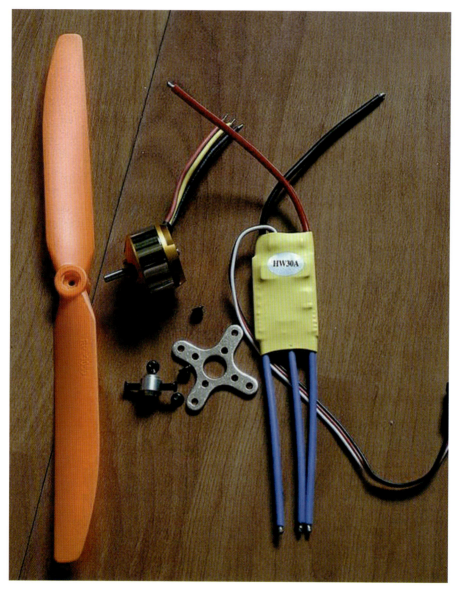

图 4-12　新西达电机组成的入门级航模动力组

图 4-13　新西达电机

图 4-14　新西达电机内部工艺档次不高

图 4-15　银燕电机

2. 选购和使用

航模电机品牌众多，如何挑选到物美价廉的产品呢？在此笔者给广大模友总结了几条挑选电机的小窍门，供大家参考。

（1）外　观

优质的电机首先会带给人外观很细致、完美的感觉（见图 4-16）。这种美感不是简单的漂亮、艳丽，而是一种机械产品的美。选购时须注意几点：轴系抛光精细、无偏心、无跳动；铝制框架加工细腻，无明显刀痕，表面阳极化色泽均匀，无划伤磨损；硅钢片层薄、层之间贴合紧密、边缘无毛刺，无锈蚀；引出的导线线径满足要求等。

（2）重　量

对于模型飞机整体而言，我们必须"为减轻每一克重量而奋斗"。尽管很多电机为了减轻重量还在外壳上开了尺寸较大的减重孔，但笔者建议在选购时挑重一些的电机（与同级别电机比较）。

一方面，电机重量大，说明其在铝

制框架、转子外圈、磁钢、轴承等方面的用料不会太"节省"，能够保证强度、减小发生坠机事故时电机受损的概率。另一方面，绕组线圈是电机重量的重要组成，也是影响电机质量的关键。正如前面介绍的，绕组线圈的最佳材质是无氧纯铜耐高温漆包线，但由于铜材的价格远远高于铝材，且无氧纯铜导线更是比一般杂铜导线贵，因此有些不良厂家为了节约成本，可能会减少绕组、用普通漆包线代替无氧铜漆包线，甚至用铜包铝芯漆包线、镀锡铝芯漆包线代替纯铜漆包线。模友千万不要仅凭金色或暗金色的漆包线外观就认定绕组线圈使用了无氧纯铜导线（见图 4-17），漆包线颜色与材质无直接关系。一般来说，发热量大的廉价电机十有八九是铝芯漆包线，这早已是电机行业中公开的秘密了。购买新电机时当然不太可能拆开检查，不过在尺寸相同的情况下挑选重一些的电机，可以减小其绕组线圈"掺假"的可能性。

图 4-16 优质电机外观有一种机械产品的美

图 4-17　铝芯漆包线，从外观上无法与铜漆包线区分开

（3）手　感

用手以动力输出轴为中心转动电机，发出的声音应当节奏干脆、无摩擦生涩感。这样的声音说明电机轴承的摩擦阻尼极小，转子、定子之间没有干涉。有些模友认为电机发出的声音与其磁钢的磁场强度有关，节奏感越强表明电机的磁性越强、性能越好。笔者认为这是一个误区。由于无刷电机的定子级数和转子的磁钢数不一致，因此即使其磁钢的磁性很强，用手转动时发出声音的节奏感也可能不明显。如某电机的定子级数是 12，其转子的磁钢数可以是 14、也可以是 9 或 10。定子级数相同、转子磁钢数不同的电机因结构不同，转动

时的节奏感肯定不同，与磁钢的磁性大小没有必然关系。所以挑选时除非电机转动时的声音毫无节奏感，否则不必过于纠结。这里需要注意，大部分内转子无刷电机由于绕组结构里没有铁芯，因此在转动它时无论磁钢的磁性有多大，都不会发出有节奏感的声音。

（4）声　音

这里说到的声音，指的是电机试运行时发出的声音。在空载试运行时，电机发出的声音应当随着转速的提高由低到高均匀地变化。整个过程中既没有突变，也没有任何卡顿、摩擦、剐蹭等导致的杂音，更不会出现强烈的震动。而在带载运行，特别是高转

速运行时,如果出现"丢步"、转速突降、声音突变等现象,那么应当积极查找是否存在电调进角设置不正确、电调支持频率不够高、螺旋桨过大等问题。如果正确设置或更换器材后依然出现这些现象,那么应当考虑是否存在电机因磁饱和导致频率不足的问题。某些铁芯质量不高、大直径小厚度的多级盘式电机,常因每一极的通磁截面很小出现这类故障(见图 4-18)。

图 4-18 电调设置不正确时,大直径小厚度的多极盘式电机易出现"丢步"等问题

（二）无刷电调

1. 品牌简介

（1）JETI

由欧洲大厂 JETI MODEL 生产的电调（见图 4-19），被认为是全世界最顶尖的电调之一。能得到这样的美誉，与 JETI 电调强大的功能密不可分。JETI 电调内置 7 种工作模式——固定翼模型飞机、花式飞行模型飞机、车模 / 船模（具有倒车、ABS 刹车功能）、模型直升机 -1、模型直升机 -2、模型直升机 -3。JETI 电调具有 Turbo 功能，能够在短时间内增加 2% ~ 5% 的最大输出功率。此外，它还能自动调整电机的进角，使其在高扭矩情况下极为柔和地启动。

在车用模式下，JETI 电调具有电子 ABS 刹车制动功能；而在模型直升机模式下，具有出色的定速功能。这是因为 JETI 电调不仅内建了转换效率高达 90% 以上的高性能 BEC，而且有先进、完整的设定功能，如可经 JETI BOX（见图 4-20）设定定速模式下模型直升机主旋翼转速的最大、最小值等参数。JETI BOX 兼有"动力系统数据记录器"的功能，可于飞行结束后显示模型飞机在飞行时电路中的电流和电压、电调的工作温度和时间、螺旋桨及电机转速等信息。

如此功能强大的电调自然价格不菲，有需要的模友可以访问其官网（www.jetimodel.com），进一步了解更多的产品信息。

图 4-19　JETI 电调

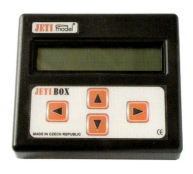

图 4-20　JETI BOX 外观

（2）凤凰（Phoenix）

凤凰电调的官方网站为：www.castlecreations.com。与一些国产电调只能看着说明书、数着"哔哔"声逐项设置不同，凤凰电调（见图4-21）具有强大的参数设定功能。模友不仅可使用遥控器进行直接设置，还可选购编程卡进行连接设置，也可利用USB传输线，通过计算机做更细致的参数设定。

凤凰电调可通过软件（见图4-22）设定的项目包括：截止电压保护、电流过载保护、刹车模式设定、油门类型设定（定速功率）、电机进角设定、缓启动设定、低电压断电模式设定、电机PWM交换频率设定（见图4-23）。

与此同时，凤凰电调的输入采用了Opto Isolated（光电耦合隔离）技术，能够有效降低干扰。其内置的飞行数据记录仪，可测量和记录各种数据（见图4-24），以便用于事故分析、优化调整飞行参数。记录参数包括：电池电压、电池波形、电池电流、消耗电量、电机输入功率、电机转速、电机输出百分比、油门输入信号、电调温度。

图4-21　凤凰电调外观

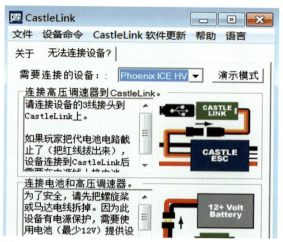

图 4-22　凤凰电调的设置软件 CastleLink 设定流程

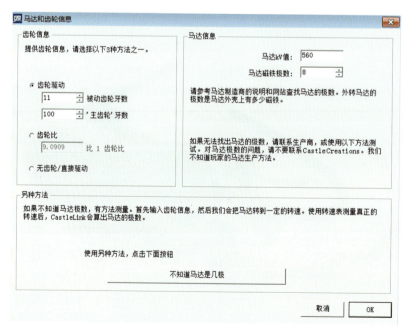

图 4-23　CastleLink 设定流程

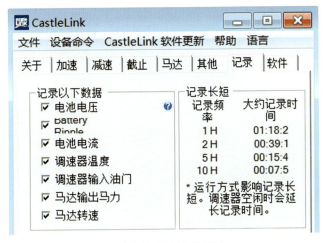

图4-24 需要电调记录的数据可通过软件设置

（3）好盈（Hobbywing）

好盈是模友耳熟能详的一个品牌，其电调产品（见图4-25）在国内拥较好的口碑。好盈厂家的全称为好盈科技有限公司。

根据官方提供的信息，好盈科技有限公司于2005年在深圳成立，是中国大陆地区最早从事无刷电机电子调速器研发和制造的高科技企业之一。好盈科技在技术创新和产品研发上投入较大，推出的各型产品均拥有完整的自主知识产权且已通过ISO 9001：21008质量管理体系认证。目前好盈电调在RC车模领域达到了顶尖水平，在空模领域也表现不俗。

从技术角度来看，空模电调的难点有3个：一是缓启动，即如何在极低转速情况下保持电机平稳运转；二是定速，即如何在负载急剧变化情况下确保电机转速恒定；三是可靠性，即如何在高电压、高功率情况下保证电调安全。

根据笔者的使用经验，好盈电调虽然在缓启动和定速方面有不错的表现，但在高电压、高功率下的可靠性工作方面与国际顶尖品牌还有一定差距。相信我们的国产品牌正在对这一技术难点进

图 4-25 好盈铂金系列电调

行攻关，在不久的将来一定能研发出可与世界顶级空模无刷电调媲美的产品，让广大模友不必依赖进口器材也能拥有性能顶尖的器材。

目前好盈科技出品的空模电调有三大系列：PLATINUM（铂金）系列高档空模无刷电调，偏重于缓启动和定速功能，编程选项丰富，适用于高端模型直升机；FLYFUN（飞腾）系列中档空模无刷电调品种最为齐全，涵盖低压 6 A 至高压 100 A，适用于各类尺寸的固定翼模型飞机和模型直升机；SKYWALKER（天行者）系列普及型

空模无刷电调（见图 4-26 ～图 4-28）的性价比最高，品质值得信赖。

好盈电调及相关产品的购买渠道非常多，模友可直接联系其在国内的两家代理商——青岛海龙模型（www.xtmodel.com）和深圳广成模型（www.himodel.com），也可通过网络等渠道购买。不过为避免买到山寨货，笔者建议模友对从其他渠道购买的产品进行真伪验证。自 2010 年起，好盈科技在大部分产品的包装上增加了防伪标签。客户刮开涂层后可看到 20 位防伪编码，只要打开好盈科技的

图 4-26　好盈电调 Skywalker-60A-UBEC

图 4-27　好盈电调 Skywalker-80A-UBEC

官网首页，就可在相应框内输入防伪码进行真伪查询。

　　国产电调在售后方面优势明显。好盈科技的售后服务和技术支持服务都较为完善，在其官网上可查询到售后服务的联系方式。一旦产品出现故障，国内客户可以直接联系售后服务部并获得及时的技术支持。

图 4-28　好盈电调设定卡

2. 选 购

同电机一样，市场上可见的电调也是琳琅满目，需要模友在选购时货比三家。在此笔者总结了几点选购的窍门。

（1）选择有说明书的产品

多数电调不具备"装机即用"的傻瓜模式，其很多参数需要合理设置才能与电机良好配合，发挥系统的效率。而由于目前没有统一的标准规范，因此不同型号电调的设置方式可能不一样。购买有说明书（纸质说明书或官网下载的电子版说明书）的电调产品，模友就可对照它进行细致、准确的设置了。

（2）选择有完善包装的产品

电调属于体积小、功率大、功能多的电子产品。为了解决小体积和大功率的矛盾，贴片元件已被广泛用于电调的电路上。这些元件通常很细小，完善的包装能够保证电调在运输途中不会因外力或外界出现静电损坏。

（3）选择电路板厚的产品

电调在工作时要通过很大的电流，其内阻越小，通过大电流时的发热越小，从而避免被烧毁。目前电调产品多采用多层电路板，一方面便于布置复杂的走线，另一方面增大了电流承载能力。所以建议选择电路板较厚的电调。

（4）选择散热能力好的产品

电调在大功率运行时发热比较厉害。虽然在设计和制造时，多数厂商会选用耐热性较好的元件，但因为电路很难在高于焊锡熔点的温度上可靠运行，所以电调必须要有良好的散热能力。选购时应尽量挑选有散热片的产品。

3. 使用方法

在使用电调时，有几条注意事项，适用于多数电调产品：

① 安装时要注意散热。许多模友将电调固定在机身内部，这时一定要注意机身内的通风散热，防止电调过热（见图 4-29）。

② 注意绝缘，即要对电调的输入 / 输出线、裸露的电路板做好绝缘保护（见图 4-30）。再先进的电调也无法为数十安培的电流提供短路保护，一旦电路接反或短路，将直接导致电调报废，还易伤及地面人员。

③ 使用前须校准油门行程。由于各个厂家出厂的遥控器在行程上有一定的差异，因此为了在整个油门摇杆行程内获得更好的线性，应在飞行前对电调进行油门行程校准。

图 4-29 安装电调要注意散热问题

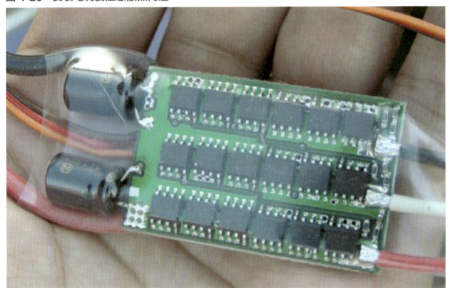

图 4-30 电调外部必须有绝缘层

④ 选用便捷的设置方式。对于提供外接功能的电调，例如 JETI、凤凰等，建议模友直接采用 USB 电脑连线的方式（见图 4-31），用软件对其进行参数设置。对于不提供 USB 功能但有辅助工具的，例如 JETI BOX 等，可以直接在辅助工具上设置。在外场飞行等不方便使用电脑的情况下，大部分电调提供了编程卡（见图 4-32、图 4-33），模友可通过编程卡进行设置。用编程卡进行设定的好处是：设置电调的过程变得直观、简单、快捷（见图 4-34）。

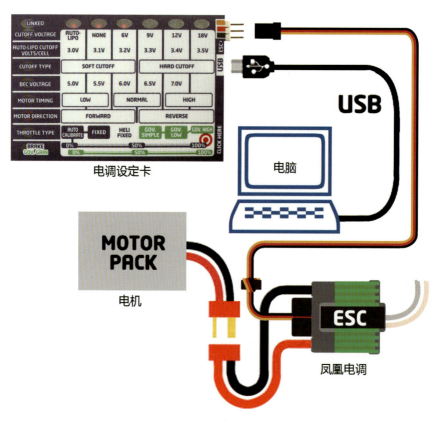

图 4-31　凤凰电调电脑设置连接示意图

图 4-32　凤凰电调及其快速设定卡

图 4-33　好盈电调及其编程器

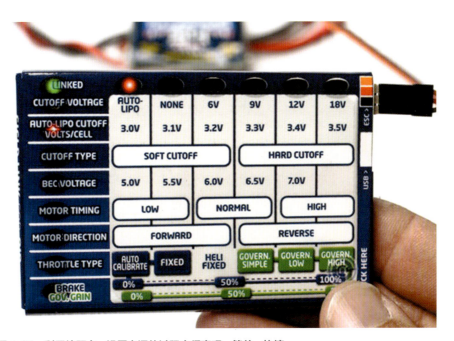

图 4-34　利用编程卡，设置电调的过程变得直观、简单、快捷

（三）锂电池

航模用锂电池恐怕是动力系统中最难挑选的部分了。目前，航模用锂聚合物电池的市场很复杂：一方面，相对于电机和电调，电池的使用寿命和存储期限非常有限，属于消耗品；另一方面，由于锂聚合物电池的应用范围涉及几乎所有电子产品，因此近年来得到了很大发展，许多有实力的锂聚合物电池厂家都试图生产航模电池，想从蓬勃发展的航模市场"分一杯羹"。这就是航模用锂聚合物电池品牌繁杂、价格参差、质量良莠不齐的原因。市场繁荣固然是好事，可使模友有更丰富的选择，但也给选购带来更大的不确定性。

模友可从直观上看出电机和电调的选材和做工，初步判断产品档次并通过地面测试立即了解其性能，但这种方法不适用于电池。拿到一块电池时，无法从外观上看出其真实的容量和放电倍率而只能通过测试了解，至于放电深度、循环寿命等信息则需通过长时间使用才能了解。锂聚合物电池属于高能量的化学产品，一旦选择不当不仅会有性能低下、寿命短等问题，还会严重威胁模型和地面人员的安全。

航模用锂聚合物电池的品牌非常繁多，篇幅所限笔者就不一一介绍了。前文提到的 Hacker（见图 4-35）、天蝎星、双天、兴耀华、好盈等电机和电调厂商，大多也生产高性能的锂聚合物电池，模友可以直接搭配选购。此外还有一些口碑良好的专业电池品牌，如深圳市爱科普电子有限公司出品的格氏（ACE）电池。这家公司生产的无论是早期的镍镉电池、镍氢电池，还是现在广泛应用的锂聚合物电池、磷酸铁锂电池，其产品性能都十分出色。类似的还有花牌、LION（狮子）、香港 Zippy、ANGL、XXL POWER、TOPGUN 等航模电池品牌（见图 4-36）。

对于航模电池的选购，笔者的建议依然是选择较知名的品牌，千万不能贪图便宜。毕竟一分钱一分货，好电池的用料、制造需要更高的成本。在挑选时，模友可从以下几方面来检查电池的外观，这样可以从一定程度上避免买到不合格的产品。

① 电池表面的保护层应当平整光滑，不能有破损和褶皱。

图 4-35　Hacker 锂聚合物电池

图 4-36　不同品牌的锂聚合物电池

② 用手轻捏电池表面，应当感觉厚实（见图 4-37），不能太软，更不能有胀气、鼓包。

③ 电池组的正负极应当用耐高温、质地柔软的硅胶线引出，引出线直径在合理范围内，配以防止插反的大电流插头。通常标称 800 mAh 的导线至少应为 18 AWG；标称 1 350 mAh 的至少应为 16 AWG；标称 2 200 mAh 的至少应为 14 AWG；标称 4 400 mAh 以上的至少应为 12 AWG 或 10 AWG。

④ 电池组的每节电池都有单独的引出线以便平衡充放电。引出线的线径（见图 4-38）一般为 24 AWG 或者 26 AWG。

⑤ 好电池的外围应有热缩膜制作的保护套，引出线区域有带玻纤加强的胶带，用于保护每节电池的接口（见图 4-39）。某些电池会在每节电池之间留出间隙，帮助散热（见图 4-40）。

图 4-37　从侧面观察电池是否有胀气、鼓包现象

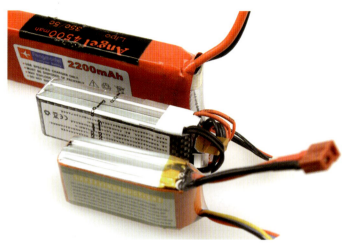

图 4-38　电池引出线应当符合要求

图 4-39　电池引出线附近应有玻纤胶带保护

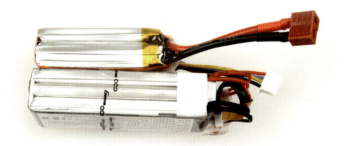

图 4-40　少数电池单体之间有间隙，利于散热

（四）螺旋桨

1. 品牌简介

对于小型模型飞机而言，选择正确的螺旋桨型号可大大提高其电动动力系统的效率（见图4-41）。小电机通常搭配使用重量较轻的塑料或尼龙材质螺旋桨就能取得好的效果，无须特别考虑品牌的因素；但如果需要搭配直径10 in以上的大螺旋桨，其选材和加工工艺就会影响到动力系统的效率。因此在有众多选择的情况下，笔者仍建议选用质量更有保障的产品。

（1）劲旋风（JXF）

劲旋风的螺旋桨，相信大家都不陌生（见图4-42）。劲旋风航空运动器材有限公司，是设计、制造航空运动所需各类螺旋桨和旋翼的专业厂家。其总部设在河南省郑州市，官方网址为：www.jxfmodel.com。

根据官网介绍，该公司由几位长期从事航空运动、竞赛、航模设计和

图4-41 不同电机与螺旋桨组成的电动动力系统

图 4-42　劲旋风螺旋桨产品

制造的著名国家级教练员、航空工业工程技术人员联合创办。劲旋风虽然只有30余名工人，但凭借其先进的数控生产设备，不仅能达到4 000余支螺旋桨的月生产力，还可确保所有产品的优良品质。

据悉，其产品不仅已畅销欧洲、美洲、澳洲、中东、东南亚等20多个国家和地区，为国外经销商和名牌汽油发动机厂家提供了大批量优质螺旋桨，还为国内动力伞等航空运动、无人机生产单位、科研单位等设计、研制和批量生产了大量螺旋桨。

（2）豪　克

豪克（见图4-43）在航模界的口碑非常不错，全称豪克模型有限责任公司，官方网址：www.hawkmodel.cn。该公司总部位于河南省安阳市，是专业研发、生产各类螺旋桨和直升机主旋翼、尾桨、平衡翼以及复合材料板的专业厂家。其产品主要由多年从事航模运动并在国内外大赛中屡屡夺冠的专业人士研发设计。豪克以HAWK、HAWKPRO、VOLK三个不同的品牌供应市场，其气动设计、选材、生产工艺都较为出色，获得了国内外爱好者的广泛认可。

图4-43　豪克系列木螺旋桨

（3）APC

与前两个品牌以木质螺旋桨产品为主不同，APC 生产以工程塑料为主材的螺旋桨。因为材质特殊，其"弯刀"状外形复杂，所以 APC 桨也被称为"马刀桨"（见图 4-44）。由于生产材质的不同，APC 桨的后缘可以做得比木质桨更薄，因而获得更高的效率。

APC 桨有两个特点：桨的型号同时用英制和公制标注（见图 4-45）；桨轴孔配有不同直径的轴套（见图 4-46），适用于不同直径的安装轴，这是普通木质桨所不具备的。此外，这类强化塑料材质螺旋桨可以容忍轻微的桨尖损坏，而木质桨在桨尖损坏时通常会因径向开裂而报废。

值得注意的是，市场上 APC 桨的 OEM 和高仿产品很多。不过仿制品的工艺普遍较为粗糙（见图 4-47），模友要注意区别。

在笔者的印象中，劲旋风出品的螺旋桨韧性较好、不易断裂、木材纹路较长，意外损坏时多沿木纹开裂；豪克出品的螺旋桨硬度较好、不易弯曲、木纹较短，意外损坏时以折断为主。当然，桨的质量与制作这批桨叶的木料材质关系很大，不能一概而论。不管怎么说，螺旋桨不是用来"啃"水泥地的，上述 3 个品牌螺旋桨的性能都相当不错。

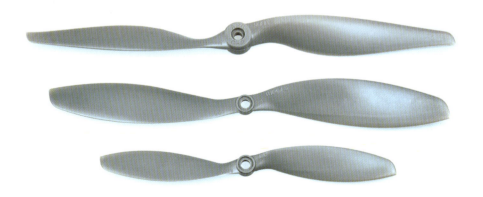

图 4-44 正品 APC 桨

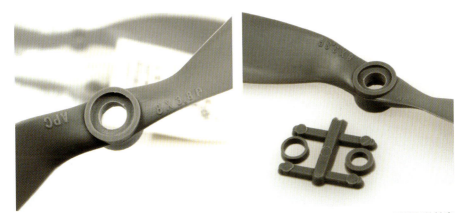

图 4-45　APC 桨同时用英制、公制单位标注型号　　**图 4-46　APC 桨配有适用于不同轴径的轴套**

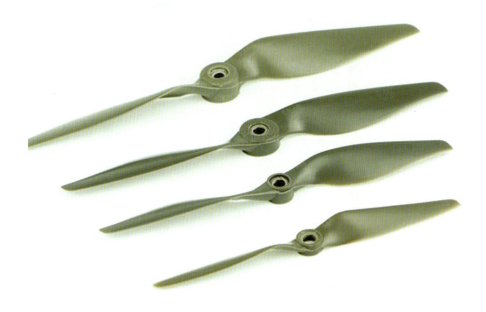

图 4-47　APC 螺旋桨仿冒品

2. 选购和使用

在选购和使用螺旋桨时，有几点需要特别注意（见图 4-48）：

① 不能使用材料有缺陷的木质螺旋桨。

② 尽量使用轴孔与轴径一致的螺旋桨。孔径偏小时，可用台钻扩孔，不可用易造成扩孔偏心的手持钻；孔径偏大时，必须使用合适的轴套；孔径与轴径相差过大时，须更换安装轴或订购具有合适孔径的螺旋桨。

③ 桨尖有轻微摩擦损伤的螺旋桨，可在修复、严格检验动平衡后使用；径向有开裂损伤的螺旋桨不得使用。

图 4-48　模型店内不同规格的螺旋桨

结　语

由于很多航模器材并不便宜，笔者无法将每种产品都买来尝试，因此本书中笔者仅就自己比较了解的品牌进行介绍，不可能涵盖所有物美价廉的器材。在此算是抛砖引玉，期待有经验的模友向大家介绍更多高性价比的器材。

此外很多整机生产厂商，如一些电动模型直升机厂商，会用自有品牌的电机、电调、锂电池等来配套整机产品，同时作为备件单独销售。考虑到本书主要介绍的是如何配置电动模型飞机动力系统的理论知识，故暂不介绍具体的器材搭配方案。有兴趣的读者可以查阅相关品牌的产品手册。

还有一点需要说明，文中提及的器材价格均源于网络店铺或实体航模店，仅供参考，实际销售价格请以当地销售商报价为准。

在撰写《电动模型飞机动力系统配置》前，笔者虽已尽力搜集相关资料，并联系有关厂商获取了一些产品的性能参数，但限于使用经验和对航模器材市场了解的不足，难免遗漏一些优秀产品，某些介绍和评价可能不是很恰当或带有个人偏见。如有错误之处，欢迎广大模友批评指正，更欢迎大家一起来讨论。希望本书能帮助更多模友为自己的爱机挑选到合适的电动动力系统。